Matthias Pöhm

Kontern in Bildern

Matthias Pöhm

Kontern in Bildern

Schlagfertig antworten in Metaphern

mvg Verlag

Bibliografische Information der Deutschen Nationalbibliothek
Die Deutsche Nationalbibliothek verzeichnet diese Publikation in der Deutschen Nationalbibliografie. Detaillierte bibliografische Daten sind im Internet über http://dnb.d-nb.de abrufbar.

www.mvg-verlag.de

Umschlaggestaltung: Vierthaler & Braun Grafikdesign, München
Redaktion: Ulrike Kroneck
Satz: Jürgen Echter, Redline GmbH
Druck und Bindearbeiten: Himmer, Augsburg
Printed in Germany
ISBN 978-3-636-06301-4

Inhalt

Bildhafte Vergleiche

Unser Gehirn ist ein faszinierendes Organ: Wir können uns beim Denken selbst beobachten. Zum Beispiel jetzt – sehen Sie einmal, was in Ihrem Gehirn bei folgender Geschichte vor sich geht:

> „Meine beste Freundin wurde von ihrem Freund verlassen. Sie fand keinen Halt mehr. Es war für sie so, als ob man unter ihren Füßen die Pflastersteine weggeräumt hätte. Und darunter war nur weicher Treibsand. Aber nun, nach zwei Monaten, will ich ihr helfen. Es geht jetzt darum, dass ich ihr die Pflastersteine wieder Stück für Stück auf ihren Weg lege, damit sie wieder festen Boden unter die Füße bekommt."

Wenn Sie sich beim Denken beobachtet haben, konnten Sie Folgendes feststellen: Sie haben in Ihrem Kopf Bilder gesehen. Bilder von einer gepflasterten Straße, von der die Pflastersteine entfernt worden waren. Bilder von einer Straße, die nur noch aus Sand bestand. Bilder von jemandem, der die Pflastersteine wieder auf den Sand schichtet.

Das ist faszinierend: Sie können mit Worten bestimmen, was im Kopf Ihres Zuhörers passiert. An den Ohren sind Teleskopstangen ausgefahren und dazwischen ist eine Leinwand gespannt. Und wenn Sie es richtig anstellen, sind Sie Herr über die Bilder, die auf dieser Leinwand entstehen.

Mit Bildern erreichen Sie die tiefste unterbewusste Ebene des Menschen. Der Trick besteht darin, in Bildern zu argumentieren. Wie das geht, erfahren Sie in diesem Buch. Damit erlangen Sie eine Überzeugungskraft, die mit (fast) nichts anderem zu erreichen ist.

Nehmen wir einmal an, Sie haben eine Firma, die Software produziert. Sie haben einem Kunden eine Software mit dem Argument verkauft, dass er damit zum einen schnellere Eingaben machen kann und dass zum anderen die Fehlerquote sinkt. Zwei Wochen später kommt ein Anruf vom Kunden. Er sagt:

> „Hören Sie, Sie haben uns versprochen, dass wir mit Ihrer Software schneller werden. Tatsache ist: Wir sind wesentlich langsamer geworden. Wir brauchen 50 Prozent mehr Zeit als mit dem alten System. Und was noch schlimmer ist: Wir haben doppelt so viele Fehler wie vorher. Wir werden Ihre Software wieder deinstallieren und verlangen unser Geld zurück."

Der geschockte Verkäufer gibt eine Erklärung ab und argumentiert wie gewohnt:

> „Lieber Kunde, nicht so schnell. Ich kann Ihnen das Phänomen erklären. Schauen Sie, Sie haben eine neue Software. Die Leute kennen die Software noch nicht – natürlich brauchen Ihre Mitarbeiter am Anfang etwas mehr Zeit, um damit arbeiten zu können. Zweitens: Bis das neue Programm Ihren Mitarbeitern vertraut ist, passieren Fehler. Aber wenn Sie hartnäckig dranbleiben, dann wird das mit der Zeit schon besser."

Was der Verkäufer sagt, ist die Wahrheit. Wir alle kennen das: Bei einem neuen System kennt man sich noch nicht so gut aus, man muss sich erst einarbeiten. Aber fragen Sie sich einmal, wie groß auf einer

Skala von null bis zehn Ihre Zufriedenheit mit dieser Antwort ist. Und jetzt passen Sie auf, wie sich Ihre Zufriedenheit ändert, wenn ich nun mit Ihrem Unterbewusstsein arbeite. Ich argumentiere nicht mit einem Sachargument, sondern mit einem bildhaften Vergleich:

> „Lieber Kunde, stellen Sie sich vor, bei Ihnen in der Firma gäbe es einen Menschen, der in atemberaubender Geschwindigkeit mit dem Zwei-Finger-System auf der PC-Tastatur schreibt. Eines Tages gehen Sie zu ihm und sagen ihm, dass Sie wüssten, wie er wesentlich schneller werden könne. Er erklärt sich einverstanden und Sie zeigen ihm das Zehn-Finger-System. Zunächst einmal wird dieser Mann langsamer. Aber trotzdem ist es das bessere System. Und genauso ist es auch mit unserer Software."

Blicken Sie nun auf die Überzeugungsskala von null bis zehn: Wo befinden Sie sich jetzt? Wenn ich mit einem bildhaften Vergleich argumentiere, operiere ich im unterbewussten Bereich meiner Zuhörer. Es ist faszinierend zu beobachten, um wie viel größer die Aufmerksamkeit der Zuhörer dadurch wird. Sie hören viel gebannter zu. Mit der Sachargumentation reißen Sie niemanden vom Hocker. Beim bildhaften Vergleich jedoch machen die Zuschauer große Augen und Ohren. Er wirkt nicht nur einfach besser, die Überzeugungskraft ist dramatisch höher. Das ist das goldene Prinzip:

> Sie argumentieren nicht mehr in Sachargumenten.
> Sie argumentieren in Bildern.

Hier ein weiteres Beispiel: Aktienfondsverkäufer hatten nach dem Platzen der Börsenblase im März 2000 einen schweren Stand. Alle Aktienindizes befanden sich zweieinhalb Jahre lang im freien Fall. Doch die Aktienfondsverkäufer konnten ja nicht einfach ihren Beruf aufgeben, sondern mussten weiter versuchen, ihre Aktienfonds zu verkaufen. Der durchschnittliche Kunde gab ihnen in der Regel einen Korb: „Hören Sie, ich möchte, dass sich mein Geld vermehrt und nicht vor meinen Augen in Luft auflöst. Aktienfonds kommen für mich nicht infrage."

Der geschulte Aktienfondsverkäufer argumentierte, wie er es gelernt hatte:

> „Lieber Kunde, das stimmt – es gibt Minusjahre. Das haben wir gerade erlebt. Aber auf lange Sicht, auf einen Zehn-Jahres-Horizont gesehen, lohnt sich eine Investition in Aktienfonds mehr als in Festverzinsliche. Das ist statistisch nachweisbar."

Schauen Sie wieder auf Ihrer Überzeugungsskala von null bis zehn nach, wo Sie mit dieser Argumentationslinie stehen. Haben Sie Lust zu kaufen? Nicht wirklich? Dann passen Sie auf, wie sich das ändert, wenn ich das Sachargument wieder in einen bildhaften Vergleich kleide und es damit vom Verstand in das Unterbewusstsein des Zuhörers bringe:

> „Lieber Kunde, können Sie sich daran erinnern, als Sie noch ein Kind waren? Damals hatten Sie ein kleines Fahrrad und daran waren Stützräder montiert. Sie konnten einfach nicht umfallen – es war unmöglich. Eines Tages hat Ihr Vater diese Stützräder abmontiert. Wissen Sie noch, wie Sie auf die Nase gefallen sind?

Nicht nur ein Mal – viele Male. Aber seither kommen Sie zehn Mal schneller ans Ziel als mit der absoluten Sicherheit dieser Stützräder. Und genauso ist es auch mit den Aktienfonds. Ja, Sie fallen damit mal auf die Nase. Ja, es gibt Minusjahre. Aber Sie erzielen letztendlich bessere Ergebnisse als mit der absoluten Sicherheit der Festverzinslichen."

Blicken Sie wieder auf Ihre Skala: Wo stehen Sie jetzt? Sie hören dem Redner wieder um ein Vielfaches aufmerksamer zu. Auf Ihre Leinwand im Gehirn ist dieses Fahrrad projiziert – mit den Stützrädern und mit jemandem, der auf diesem Fahrrad fährt ... Spüren Sie, dass man gegen solch ein Argument fast nicht ankommt? Was wollen Sie dagegen auch sagen? Ein Bild bleibt a priori erst einmal unangreifbar. Der Zuhörer denkt: „Ja, stimmt, das hat was!"

Nur weil ein Bild erzeugt wird, glauben wir es.

Eine meiner Coaching-Kundinnen war Kieferorthopädin, die sich auf ganzheitliche Kieferorthopädie spezialisiert hatte. Sie hatte festgestellt, dass Kinder mit erfolgter Zahnkorrektur nach einer gewissen Zeit mit erneuter Zahnfehlstellung zu ihr in die Praxis kamen. Durch Untersuchungen hatte sie herausgefunden, dass die Ursache für die immer wiederkehrende Zahnfehlstellung eine Milchunverträglichkeit war. Durch die Milchunverträglichkeit war die Darmflora dieser Kinder geschädigt, was wiederum eine verstopfte Nase zur Folge hatte. Die Kinder mussten ständig durch den Mund atmen und drückten deshalb die flach liegende Zunge an den unteren

Zahnkranz, sodass sich diese Zahnreihe immer wieder verschob. Kinder, die mit Zahnfehlstellung und einer dauerhaft verstopften Nase zu ihr in die Praxis kamen, bekamen erst einmal eine Ernährungsumstellung verordnet. Dadurch konnte sich die Darmflora regenerieren – und siehe da, die Kinder kamen nur noch ein einziges Mal zu ihr, um die Zahnfehlstellung reparieren zu lassen. Die Kieferorthopädin wollte einen Vortrag vor etwa 50 Zahnärzten halten. Ich entwickelte für sie zu diesem Thema folgenden bildhaften Vergleich:

> „Stellen Sie sich vor, Sie fahren mit 50 Stundenkilometern durch eine Ortschaft. Durch irgendeine Unachtsamkeit streifen Sie den Bordstein. Es tut einen kleinen Schlag, aber Sie fangen das Auto wieder ab und fahren ohne Probleme weiter. Nichts ist passiert. Zwei Monate später müssen Sie zur Inspektion. Die Werkstatt macht den Service, und als Sie das Auto zurückbekommen, sagt man Ihnen, dass auch ein Reifenwechsel nötig ist, denn die Reifen seien abgefahren. Vier Monate später gehen Sie aus einem anderen Grund in die Werkstatt. Neben anderen Reparaturen werden wieder neue Reifen aufgezogen. Sie wundern sich, aber man zeigt Ihnen zum Beweis die abgefahrenen Reifen. Vier Monate später kommen Sie wieder aus einem anderen Grund in die Werkstatt – und wieder sind neue Reifen fällig. Erst zwei Jahre später erfahren Sie, was passiert ist: Wenn eine Hinterradachse am Auto korrekt funktioniert und im rechten Winkel zu den Rädern steht, dann liegen beide Räder flach auf der Straße. Dadurch ist garantiert, dass die Räder sich links und rechts gleichmäßig abfah-

ren. Wenn Sie aber mit Ihrem Auto gegen einen Bordstein fahren, kann die Achse einen minimalen Knick davontragen. Dadurch stellt sich ein Rad leicht schräg. Und deshalb fährt sich das Rad an derselben Stelle immer wieder ab, sodass Sie permanent den Reifen wechseln müssen ... Die meisten Kieferorthopäden wechseln ständig die Reifen. Aber sie bekommen die Ursache nicht in den Griff."

Die entscheidende Frage lautet nun: Die Beispiele klingen ja ganz gut, aber wie kommen Sie auf diese bildhaften Vergleiche? Ich habe einen „roten Faden" entwickelt, wie Sie solche Bilder finden können. Das ist eine Technik, mit der Ihnen der zündende Gedanke wesentlich einfacher kommt, als wenn Sie auf die göttliche Eingebung warten. Dieser rote Faden bringt Ihr Gehirn dazu, Bilder auszuspucken.

Der rote Faden

Sie kennen den Unterschied zwischen rechter und linker Gehirnhälfte: Grob vereinfacht ist rechts die Kreativität angesiedelt und links die Logik. Um Bilder produzieren zu können, müssen Sie die rechte Hemisphäre aktivieren, in der die Kreativität und das assoziative Denkvermögen zu Hause sind. Das wird Ihnen mit der folgenden Methode gelingen: Sie triggern die kreative Gehirnhälfte. Triggern ist ein Wort aus der Technik und bedeutet, einem System einen Impuls zu geben, damit es in Schwingung kommt. Und dann werden Sie erleben, wie vor Ihrem geistigen Auge Bilder entstehen; das können Sie gar nicht verhindern. Doch nicht jedes Bild passt. Sie prüfen jedes einzelne der auftauchenden Bilder, bis Sie auf dasjenige stoßen, das zur Sachaussage passt.

Dazu gehen Sie in drei Schritten vor.

Erstens: Finden Sie ein Sachargument!

Um in Bildern argumentieren zu können, brauchen wir einen Ausgangspunkt, eine Aussage, die wir in Bilder übersetzen. Das ist im Normalfall das Argument, das wir in unserem Vortrag sowieso benutzen würden. Dieses sachliche Argument – ich nenne es das Sachargument – schreiben Sie auf.

Aber aufgepasst! Aus meiner Erfahrung weiß ich, dass viele an dieser Stelle schon scheitern. Ich hatte einen Konzern als Kunden, für dessen zwanzigtausendköpfige Verkaufsmannschaft ich einen bildhaften Vergleich entwerfen sollte. Die Verkäufer konnten innerhalb eines gewissen Spielraums ihre Preise selbst bestimmen. Das Problem war, dass sie ihre Produkte immer an der unteren Preisgrenze anboten. Der Manager kam auf mich zu mit der Bitte, folgende Botschaft in ein sprachliches Bild zu übersetzen: „Die Verkäufer sollen hochpreisiger verkaufen." Das ist aber leider kein Sachargument, sondern eine Aufforderung und damit keine Botschaft, die sich übersetzen lässt. Erst wenn Sie die Frage beantworten: „Warum sollen sie hochpreisiger verkaufen?" oder „Was verhindert, dass sie hochpreisiger verkaufen?", erhalten Sie Aussagen, die sich als Sachargument in Bilder übersetzen lassen. Durch diese Art von Nachfragen erfuhr ich dann Folgendes: Die Verkäufer haben Angst, hochpreisig zu verkaufen, weil sie befürchten, dass ein Geschäft nicht zustande kommt, das zu einem günstigeren Preis sehr wohl zustande gekommen wäre. Das war die Befürchtung, aus der wir ein Sachargument als Erwiderung formulierten.

Und erst dazu konnte ich für den Konzernkunden drei alternative Bilder entwickeln.

Also aufgepasst bei der Aufstellung von Sachargumenten. Aussagen wie „Ich will neue Kunden gewinnen", „Mein Produkt ist gut", „Räumen Sie Ihr Büro auf" usw. taugen nicht als Ausgangsmaterial, um Bilder zu entwickeln. Ein Sachargument, das sich in Bildern ausdrücken lässt wäre zum Beispiel: „Wenn Sie bei einem Bewerbungsgespräch Erfolg haben wollen, kleiden Sie sich gepflegt."

Zweitens: Bilden Sie die Allgemeinaussage des Sacharguments!

Diesen zweiten Schritt brauchen wir nicht zwingend, er hat sich aber als sinnvoll erwiesen. Er ist ein Hilfs- und Kontrollschritt. Aus dem Sachargument bilden wir eine Allgemeinaussage (oder auch Kernaussage). Das ist die allgemeingültige Aussage des Sacharguments. Das Sachargument bezieht sich auf ein konkretes Beispiel, während die Allgemeinaussage so formuliert sein muss, dass sie abstrakt und übergreifend für mehrere Beispiele gültig ist.

Sie finden die Allgemeinaussage, indem Sie folgenden Satz ergänzen: „Wir suchen ein Bild, das allgemein zeigt ..." Für das oben erwähnte Beispiel der gepflegten Kleidung könnte man folgende Allgemeinaussage formulieren: „Für den Erfolg ist Optik wichtig." Das gibt abstrakt und allgemeingültig das wieder, was auf das konkrete Beispiel des Bewerbungsgesprächs und der gepflegten Kleider bezogen war.

Der dritte Schritt: der bildhafte Vergleich

Jetzt kommt der entscheidende dritte Teil: Wir triggern unser Gehirn. Und zwar über einen Satz, den Sie im Geiste oder auch laut in einer Art Endlosschleife ständig wiederholen. Wenn Sie diesen Text aufsagen, werden Bilder anfangen, vor Ihrem geistigen Auge aufzutauchen; gleichzeitig bekommen Sie einen diffusen Blick ins Nirgendwo, der Ihnen signalisiert, dass Ihr Gehirn im Vorstellungsmodus ist. Sie sehen sich das Sachargument an und sagen immer wieder den Satz:

„Das können Sie vergleichen mit …"

Sie werden nicht verhindern können, dass Ihr Gehirn plötzlich von bildhafter Situation zu bildhafter Situation wandert. Vor Ihrem geistigen Auge schweben Bilder aus der Alltagswelt vorbei, von denen Sie eines nach dem anderen prüfen, ob es auch zur Allgemeinaussage passt. Nach fünf bis zehn Bildern haben Sie ihn plötzlich: Ihren bildhaften Vergleich!

Für das Beispiel der gepflegten Kleidung für das Bewerbungsgespräch könnte man aus der Allgemeinaussage „Für den Erfolg ist Optik wichtig" folgenden bildhaften Vergleich formulieren:

> „Nehmen wir an, Sie gehen auf den Gebrauchtwagenmarkt. Da stehen zwei Fünfer-BMW. Sie haben dasselbe Baujahr, dieselbe Kilometerleistung und denselben Preis. Der eine BMW hat angerostete Felgen, die Ledersitze sind speckig, der Motor ist überzogen von einer Schicht aus Schmutz und Öl, außen ist der Lack matt geworden – und innen finden sich Wasserflecken auf der Holzvertäfelung. Der BMW daneben steht blitzblank und wie frisch lackiert da, der Motor glänzt, die Felgen sind hochglanzpoliert und die Ledersitze frisch gereinigt. Welchen BMW würden Sie kaufen? – Ja, natürlich: den geputzten!

Sehen Sie: Genauso macht es der Personalchef. Auch er kauft den Kandidaten ein, der geputzt und im schöneren Lack daherkommt."

Bilder entwickeln

Lassen Sie uns einmal an einem Beispiel durchgehen, wie man mit dieser Methode Bilder entwickelt. Die geraffte systematische Vorgehensweise sieht so aus:

Das Sachargument unseres Fondsverkäufers war: „Lieber Kunde, es stimmt, es gibt Minusjahre. Aber auf lange Sicht, auf einen Zehn-Jahres-Horizont gesehen, erzielen Sie bessere Ergebnisse, wenn Sie in Aktien investieren als in Festverzinsliche." Die Allgemeinaussage, die dahintersteckt, ist diese: „Eine riskantere Methode bringt, trotz gelegentlichem Scheitern, im Endergebnis mehr Erfolg als eine sichere Methode." Wir aktivieren unser Gehirn mit dem Satz: „Das können Sie vergleichen mit ..." Die genannte Allgemeinaussage trifft auf fast jede Sportart zu. So könnte man anstelle der Stützräder einen neuen bildhaften Vergleich liefern:

„Stellen Sie sich vor, Sie wollen einen Berg besteigen und als Erster auf dem Gipfel sein. Es gibt zwei Mannschaften. Die einen nehmen den gesicherten Weg, der außen herum in lang geschwungenen Serpentinen mit Geländer den Berg hinaufführt. Dann ist da noch die zweite Mannschaft, die Profis. Sie klettern den direkten Weg zum Gipfel, auf dem sie auch mal riskieren, mit der Seilschaft zurückzurutschen. Es kommt aber immer die Mannschaft als Erste am Gipfel an, die den direkten Weg gewählt hat. Und genauso ist es auch mit den Aktienfonds. Es stimmt: Sie rutschen mal zurück, es gibt diese Minusjahre – aber Sie erzielen bessere Ergebnisse als mit dem sicheren Weg der Festverzinslichen.“

„Herr Doktor, mir geht's gut – ich sehe nicht ein, dass ich die Ernährung umstellen und Sport machen soll, wo's mir doch so gut geht.“ Der Arzt schaut den Patienten bekümmert an und argumentiert: „Lieber Patient, aus Untersuchungen geht hervor, dass es schon zu spät ist, wenn Sie etwas spüren. Nehmen wir an, Ihre Leber meldet sich eines Tages mit Schmerzen – oder Ihr Herz oder Ihr Magen. Man hat festgestellt, dass, wenn Sie ‚etwas spüren', bereits 70 Prozent der Organfunktion verloren sind. Das heißt, wenn's wehtut, ist das Organ nur noch zu 30 Prozent funktionstüchtig. Ab dann ist aber der Vorgang nicht mehr umkehrbar. Ihre Organe lassen sich nicht mehr in den ursprünglichen Zustand zurückführen ...“

Wie immer triggern Sie sich mit dem Schlüsselsatz: „Wir suchen ein Bild, das allgemein zeigt ...“ Sie brauchen nun etwas Abstraktionsvermögen, um die Allgemeinaussage zu finden.

Der Trick ist folgender:

Ändern Sie die Begrifflichkeiten im Argument vom Konkreten zum Allgemeinen.

Betrachten wir zunächst die Originalsituation. Wir haben Organe in unserem Körper, die ab einem gewissen Alter schmerzen können und dann schon nicht mehr „reparabel“ sind. Nun müssen Sie sich von den Begriffen „Organ“, „Körper“ und „Schmerzen“ trennen. Denn diese Begriffe beziehen sich auf das konkrete Beispiel. Stattdessen suchen wir jeweils einen allgemeinen, übergeordneten Begriff dafür. Der Körper könnte so zum Beispiel zu einem „Gesamtsystem“ werden und das Organ zu einem „Teil des Systems“. Aus den Schmerzen könnte man allgemeingültig „Indizien für Fehlfunktionen“ machen. Wenn Sie die konkreten Begriffe durch abstrakte, übergeordnete Begrifflichkeiten austauschen, haben Sie die Allgemeinaussage. Sie könnte so lauten: „Wenn ein Gesamtsystem nach außen spürbar nicht mehr funktioniert, dann ist es bereits zu spät. Man muss das System reparieren, bevor Indizien für Fehlfunktionen auftreten, sonst ist es unrettbar verloren.“

So finden Sie eine Allgemeinaussage

Im Jahr 2002 warf die Opposition dem damaligen Bundesfinanzminister Hans Eichel vor: „Herr Eichel, Sie haben bereits vor der Bundestagswahl 2002 gewusst, dass die Wirtschaftsprognosen schlechter sind als dargestellt – Sie haben die Wähler betrogen.“

Das sachlich formulierte Gegenargument könnte lauten: „Dabei handelte es sich lediglich um einen kleineren Zuwachs im Bruttoinlandsprodukt und einen minimalen Bestellrückgang in der Maschinenindustrie. Alle anderen wirtschaftlichen Eckdaten sahen damals absolut vielversprechend aus. Deshalb muss keine schlechtere Wirtschaftsprognose gestellt werden.“

Um die Allgemeinaussage zu finden, betrachten wir wieder das Sachargument und tauschen konkrete Begrifflichkeiten durch allgemeine Begriffe aus. Sie müssen sich von den Begriffen „Bruttoinlandsprodukt“, „Bestellrückgang in der Maschinenindustrie“, „Wirtschaftsprognose“ und „vielversprechende wirtschaftliche Eckdaten" trennen. Denn diese Begriffe beziehen sich auf das konkrete Beispiel. Jetzt suchen wir dafür jeweils einen allgemeinen, übergeordneten Begriff. Aus den konkreten Begriffen „Bruttoinlandsprodukt" und „Bestellrückgang in der Maschinenindustrie" machen wir den allgemeingültigen Begriff „negative Indizien". Aus dem konkreten Begriff „Wirtschaftsprognose" machen wir den allgemeingültigen Begriff „Gesamtstrategie". Aus den „vielversprechenden wirtschaftlichen Eckdaten" machen wir den allgemeingültigen Begriff „ansonsten positives Umfeld".

Daraus lässt sich folgende Allgemeinaussage formulieren:

> „Aufgrund eines negativen Indizes in einem ansonsten positiven Umfeld muss man noch lange nicht die Gesamtstrategie ändern."

Damals hatte Hans Eichel medienwirksam tatsächlich mit einem bildhaften Vergleich gekontert:

> „Nur weil im Sommer ein paar Wölkchen am strahlend blauen Himmel stehen, müssen Sie noch lange keine Prognose für eine Schlechtwetterperiode stellen."

Ein weiteres Beispiel

Nehmen wir an, Sie haben einen Disput mit einem religiösen Menschen. Er sagt: „Es ist nicht damit getan, die Kirche zu verlassen. Nur wenn man in der Kirche bleibt, kann man Reformen initiieren."

Ihr Gegenargument lautet: „Die Kirche lehrt so viele Dinge, mit denen ich nicht einverstanden bin. Die wenigen für mich nützlichen Weisheiten, welche die Kirche zu vermitteln hat, finde ich auch außerhalb der Kirche – sogar in größerer Fülle, viel deutlicher, mit weniger Anstrengung, ohne Verbote, ohne Überwachung und ohne schlechtes Gewissen. Warum soll ich etwas reformieren helfen, mit dem ich zu 80 Prozent nicht einverstanden bin und das für mein seelisches Wohlbefinden gar nicht nötig ist?"

Um die Allgemeinaussage zu finden, wenden wir wieder unseren Trick an und ändern die Begrifflichkeiten. Aus dem konkreten Begriff „Kirche" machen wir den allgemeingültigen Begriff „System". Aus dem konkreten Begriff „Weisheiten" machen wir den allgemeingültigen Begriff „Nutzen". Aus dem konkreten Begriff „reformieren" machen wir den allgemeingültigen Begriff „reparieren" oder „flicken". Hier nun die entsprechende Allgemeinaussage: „Jemand versucht, ein System, das Nutzen verspricht, zu reformieren, aber es gilt, unendlich viele Stellen zu flicken; nur ganz wenige Stellen sind überhaupt in Ordnung. Es ist sinnlos, das ganze System aufrechtzuerhalten – näherliegend ist, das System zu verlassen. Den Nutzen gibt es außerhalb des Systems vermehrt, aber ohne Anstrengung."

Mit solch einer Allgemeinaussage fällt es um ein Vielfaches leichter, sich einen bildhaften Vergleich zu überlegen. Versuchen Sie es an dieser Stelle einmal selbst.

Das Faszinierende ist, dass man ein einmal gefundenes Bild in unterschiedlichen Situationen immer wieder einsetzen kann. Der Schlüssel dazu ist die Allgemeinaussage! Mit der Allgemeinaussage haben Sie die Möglichkeit, ein Bild nicht nur bei einem speziellen Sachargument einzusetzen, sondern auch bei beliebig anders gelagerten Sachargumenten, denen dieselbe Wahrheit zugrunde liegt. Das ganze Leben ist so aufgebaut, dass wir immer wieder auf dieselben Grundproblematiken stoßen – wenn wir also mit einer Bibliothek an bildhaften Vergleichen für diese Grundproblematiken ausgerüstet sind, bleiben wir sprachlich unverwundbar.

Ein Bild für vielfältige Situationen

Für folgendes Sachargument soll ein bildhafter Vergleich gefunden werden: „Auch wenn es bei Ihnen in der Gemeinde einen katholischen Pfarrer gibt, der sagt: ‚Es gibt nichts gegen schwule Paare einzuwenden', heißt das noch lange nicht, dass die katholische Kirche in der Gesamtheit fortschrittlich ist." Hier ein bildhafter Vergleich, der diesem Sachargument zu größerer Wirkung verhilft:

> „Das Statistische Amt der Europäischen Union hat eine Statistik über die Körpergröße der einzelnen EU-Völker herausgebracht. Darin steht zum Beispiel zu lesen, dass die Sizilianer im Durchschnitt kleiner sind als die Deutschen. Es gibt aber trotzdem ein paar Sizilianer, die über zwei Meter messen. Schauen Sie – genauso ist es auch mit der offiziellen Kirche. Der Pfarrer, den Sie erwähnt haben, ist die Ausnahme – das ist der zwei Meter große Sizilianer. Die statistisch relevante Regel ist anders: Die Kirche ist klein im Fortschritt."

Wenn wir uns die Allgemeinaussage ansehen, erkennen wir, dass in dem Bild eine Grundwahrheit steckt, die im Leben in vielfältigen Situationen anwendbar ist: „Ein Ausnahmebeispiel beweist noch lange nicht die universelle Gültigkeit der Aussage." Dieses Argument können Sie nicht nur am Beispiel des toleranten katholischen Pfarrers ins Feld führen, sondern in zahllosen anderen Fällen, in denen jemand von einer Ausnahme auf die Regel schließen will. Hier ein weiterer Einwand, auf den Sie als Erwiderung die Sizilianer-Metapher anwenden können:

> „Lass mich mit der katholischen Kirche in Ruhe. Ich habe gerade gelesen, dass sich wieder ein Bischof an Kindern vergriffen hat."

Triggern Sie Ihr Gehirn!

Kehren wir noch einmal zum Beispiel des Arztes zurück, der sagt, es seien nur noch 30 Prozent Organfunktion übrig, wenn ein Patient beispielsweise über Leberschmerzen klagt. Die dazugehörige Allgemeinaussage war diese: „Wenn ein Gesamtsystem nach außen spürbar nicht mehr funktioniert, dann ist es bereits zu spät. Man muss das System reparieren, bevor Indizien für Fehlfunktionen auftreten, sonst ist es unrettbar verloren." Lassen Sie uns exemplarisch durchgehen, wie unser Gehirn arbeitet, um solch einen Suchvorgang, von der Allgemeinaussage ausgehend, erfolgreich abzuschließen. Sie triggern Ihr Gehirn mit dem Satz: „Das können Sie vergleichen mit ..." Und Ihr Gehirn fängt an zu arbeiten.

In der Allgemeinaussage kommt der Ausdruck „funktionierendes Gesamtsystem" vor. Jetzt wandert Ihr Gehirn beispielsweise zu technischen Dingen wie ein Haus, ein Auto, ein Handy, ein Klavier und testet jeweils: Wo könnte da unmerklich etwas kaputtgehen, das sich schon nicht mehr reparieren lässt, wenn man es bemerkt? Dem Gehirn fällt vielleicht plötzlich eine Schule ein oder ein Krankenhaus oder eine Firma oder eine Regierung. Auch das sind „Gesamtsysteme". Dann denkt das Gehirn in die Systeme hinein: Es denkt an Lehrer, an Ärzte, an Manager, an Politiker.

Und es stellt sich die Frage: Wo gibt es Situationen, in denen Lehrer, Ärzte, Manager oder Politiker unmerklich „funktionsunfähig“ werden? Und wenn man es merkt, ist das System schon unrettbar verloren. Dann springt das Gehirn wieder zurück zu technischen Geräten und denkt spontan an Rost: Wenn etwas verrostet ist, dann ist es nicht mehr funktionstüchtig und man muss es austauschen. Aus Rost kann man umgekehrt kein Metall mehr herstellen – es sei denn, man pflegte das Metall vorher, zum Beispiel mit Öl, sodass es erst gar keinen Rost ansetzen kann. Das Gehirn erkennt die Analogie zur Pflege, die man auch dem eigenen Körper angedeihen lassen sollte. Und jetzt konstruiert das Gehirn um dieses Bild von Rost auf der einen Seite und dem ölgebadeten Metall auf der anderen Seite eine Maschine. Jetzt muss nur noch ein Indiziengeber eingebaut werden und heraus kommt folgendes Bild:

> „Stellen Sie sich ein nagelneues Schiff vor. Der Schiffsmotor ist in der Mitte, im Bauch des Schiffes, eingebaut. Über eine Eisenwelle quer durch den Schiffsbauch wird am Heck die Schiffsschraube angetrieben. Oben in der Kapitänskajüte ist aus Sicherheitsgründen eine Kontrolllampe angebracht, die den Kapitän alarmiert, falls sich die Schiffswelle nicht mehr dreht. Der Schiffsingenieur kommt nach einigen Monaten zur Inspektion auf das Schiff und sagt dem Kapitän: ‚Sie müssen Ihre Antriebswelle regelmäßig ölen, damit sie lange funktionstüchtig bleibt.‘ Der Kapitän aber antwortet: ‚Nein, das brauchen wir nicht. Schauen Sie, unser Antrieb funktioniert ja wunderbar – warum soll ich da die Welle ölen? Außerdem habe ich ja die Kontrolllampe, die mir anzeigt,

wenn die Antriebswelle nicht mehr funktioniert.‘ Zwei Monate später funkt ein manövrierunfähiges Schiff auf hoher See SOS. Es ist dieses Schiff. Ein Rettungsboot mit dem Schiffsingenieur an Bord kommt zu Hilfe: Er geht in den Maschinenraum und sieht, dass die Eisenwelle unter dem Einfluss der salzigen Luft von Rost zerfressen und an einem Ende gebrochen ist. Er holt den Kapitän und sagt: ‚Ich nehme an, Sie haben die Kontrolllampe aufleuchten sehen. Jetzt könnten Sie ölen, so viel Sie wollen, Ihre Welle wird dadurch nicht mehr heil.‘
Genauso ist es auch mit Ihren Organen, lieber Patient: Eine durchgerostete Welle können Sie durch nachträgliches Ölen nicht mehr heil machen. Eine Leber, die Ihnen durch Schmerzen anzeigt, dass sie am Ende ist, können Sie durch keine gesunde Ernährung und keinen Sport mehr heilen. Tun Sie also jetzt etwas für Ihre Organe, stellen Sie Ihre Ernährung um und treiben Sie Sport, damit Sie den späteren Großschaden vermeiden.“

Signale für das Gehirn

Ich bin eines Tages durch Zufall auf etwas gestoßen, das mich völlig fasziniert hat. Ich habe festgestellt, dass das Gehirn bei bildhaften Vergleichen ein ganz bestimmtes Signal braucht, um eine verblüffende Reaktion auszulösen. Sobald das Gehirn dieses Signal erkennt, glaubt es dem Bild – es hält das Bild für erwiesen, nur weil dieses Signal auftaucht. Zusätzlich potenziert man durch dieses Signal die Wirkung des bildhaften Vergleichs.

Und so wird ein gefundenes Bild zur Rakete: Zunächst schließen Sie das Bild mit einem Schlusssatz ab. Der Schlusssatz beginnt mit den Worten: „Genauso ist es bei ...“ Erwähnen Sie nochmals das Stichwort der Originalsituation. Auf die vorausgehenden Beispiele angewandt würde das etwa heißen: „Genauso ist es auch mit den Aktienfonds“, „Genauso ist es auch beim Bewerbungsgespräch“, „Genauso ist es auch mit unserer Software“.

Und jetzt kommt der Trick:

Das Signal, welches das Gehirn braucht, um dem Bild sofort Glauben zu schenken, heißt: Wortgleichheit.

Der Schlusssatz geht nämlich noch weiter. Sie setzen den Schlusssatz fort mit den Worten „auch hier ...“ und jetzt erklären Sie, warum die Originalsituation und das Bild ein und dasselbe bedeuten. Dabei benutzen Sie Wörter und Begriffe, die sowohl in der Originalsituation als auch im Bild Sinn geben. Das ist der Trick! Nehmen wir uns zur Verdeutlichung noch einmal den bildhaften Vergleich der gepflegten Kleidung beim Bewerbungsgespräch vor:

> „Neben dem vergammelten BMW steht ein anderer BMW blitzblank und wie frisch lackiert da. Der Motor glänzt, die Felgen sind hochglanzpoliert und die Ledersitze frisch gereinigt. Welchen BMW würden Sie kaufen? Ja, natürlich: den geputzten! Schauen Sie, genauso macht es der Personalchef. Auch er kauft den Kandidaten ein, der geputzt und im schöneren Lack daherkommt.“

Wir haben hier drei Wörter, die sowohl auf die Originalsituation als auch auf das Bild passen. Das erste Wort ist „kaufen". Im Bild kauft er den BMW – in der Originalsituation kauft der Personalchef den Kandidaten ein. Das zweite Wort ist „putzen": Im Bild nimmt er das Auto, das geputzt ist, in der Originalsituation nimmt er den geputzten Bewerbungskandidaten. Das dritte Wort ist „schöner Lack". Im schönen Lack daherkommen gilt im übertragenen Sinn für die Kleidung – und auch für Autos. Wenn das Publikum auf der unterbewussten Ebene diese Wortgleichheit erkennt, dann glaubt es dem Bild und denkt nur noch: „Ach, ist das schön."

Nehmen wir als zweites Beispiel den bildhaften Vergleich mit den Stützrädern:

> „Lieber Kunde, können Sie sich daran erinnern, als Sie noch ein Kind waren? Damals hatten Sie ein kleines Fahrrad und daran waren Stützräder montiert. Sie konnten einfach nicht umfallen – es war unmöglich. Eines Tages hat Ihr Vater diese Stützräder abmontiert. Wissen Sie noch, wie Sie auf die Nase gefallen sind? Nicht nur ein Mal – viele Male. Aber seither kommen Sie zehn Mal schneller ans Ziel als mit der absoluten Sicherheit dieser Stützräder. Und genauso ist es auch mit den Aktienfonds. Ja, Sie fallen damit mal auf die Nase. Ja, es gibt Minusjahre. Aber Sie erzielen letztendlich bessere Ergebnisse als mit der absoluten Sicherheit der Festverzinslichen."

Im Schlusssatz ist auch hier an drei Stellen die Wortgleichheit hergestellt: Der erste Ausdruck ist „auf die Nase fallen": Der Radfahrer fällt auf die Nase, aber auch Sie fallen in Minusjahren mit dem

Aktienfonds auf die Nase. Der zweite Ausdruck ist die „absolute Sicherheit". Im Bild ist es die absolute Sicherheit der Stützräder, in der Originalsituation ist es die absolute Sicherheit der Festverzinslichen. Das dritte Wort ist der Ausdruck „letztendlich bessere Ergebnisse". Im Bild macht das Fahrrad ohne Stützräder letztendlich bessere Ergebnisse und in der Originalsituation erzielen die Aktienfonds letztendlich bessere Ergebnisse. Das ist das Faszinierende:

Sobald das Gehirn an mehreren Stellen die Wortgleichheit registriert, glaubt es dem Bild und hält es für erwiesen.

Um diese Wortgleichheit herzustellen, platzieren Sie deshalb bewusst im Bild Begriffe, die Sie im Schlusssatz wieder aufgreifen können. Nehmen wir als drittes Beispiel den bildhaften Vergleich mit der Software. Achten Sie diesmal nur auf die kursiv hervorgehobenen Begriffe im Schlusssatz, die auch auf die Originalsituation passen:

> „Lieber Kunde, stellen Sie sich vor, bei Ihnen in der Firma gäbe es einen Menschen, der in atemberaubender Geschwindigkeit mit dem Zwei-Finger-System auf der PC-Tastatur schreibt. Eines Tages gehen Sie zu ihm und sagen ihm, dass Sie wüssten, wie er wesentlich schneller werden könne. Er erklärt sich einverstanden und Sie zeigen ihm das Zehn-Finger-System. *Zunächst* einmal wird dieser Mann *langsamer.* Aber *trotzdem* ist es das *bessere System.* Und genauso ist es auch mit unserer Software."

Schauen Sie sich unter diesem Blickwinkel einmal alle meine bildhaften Vergleiche in diesem Buch an und unterstreichen Sie übungshalber die Begriffe, mit denen Wortgleichheit hergestellt wurde.

Nun verfügen Sie neben der Allgemeinaussage über ein zusätzliches Kriterium, um festzustellen, ob Ihr Bild ein Treffer ist: Wortgleichheit! Wenn Sie es schaffen, Wortgleichheit herzustellen, haben Sie in neun von zehn Fällen ein treffendes Bild gefunden.

Das Gehirn lässt sich durch Wortgleichheit offenbar massiv beeinflussen. Ich habe festgestellt, dass das auch in der Alltagssprache bestens funktioniert. Sobald Sie Wortgleichheit zwischen zwei Phänomenen herstellen, glaubt Ihnen das Gehirn Ihres Zuhörers. Hier einige Beispiele:

> „Wenn das Bild am Flipchart angenehm anzuschauen ist, ist auch Ihr Anliegen für das Publikum angenehm."

Fazit: Sie können durch Herstellen von Wortgleichheit einfach Thesen aufstellen, die Sie im Prinzip nicht mehr zu beweisen brauchen.

Zum Abschluss noch ein Bild, das ich bei einer öffentlichen Rede eingesetzt habe. Als Karlheinz Böhm 75 Jahre alt wurde, hielt ich in der Schweiz bei einer Gala-Veranstaltung die Laudatio. Ich bin ehrenamtlich im Stiftungsrat von „Menschen für Menschen" tätig, der Stiftung von Karlheinz Böhm. „Menschen für Menschen" kümmert sich um die in unvorstellbarer Armut lebenden Menschen in Äthiopien. Böhm kämpft dort gegen eine Tradition, die jahrtausendealt und sehr tief in der Bevölkerung verwurzelt ist: die Beschneidung von Mädchen. Vor

Karlheinz Böhm hatte es kaum jemand gewagt, dagegen vorzugehen – zu fest ist diese Tradition im gesellschaftlichen Leben verankert, zu tief ist der Glaube der Bauern, es sei ein religiöses Gebot, zu groß ist die Angst der Frauen, keinen Mann mehr zu bekommen. Karlheinz Böhm hat dennoch diesen Kampf aufgenommen. Aber so etwas dauert seine Zeit, das geht nicht von heute auf morgen. In der Laudatio sagte ich Folgendes:

> „Herr Böhm, wenn ich Sie anschaue, denke ich an einen Steinmetz. Wenn ein Steinmetz einen Steinquader an einer bestimmten Stelle auseinanderschlagen möchte, dann zieht er einen Strich an der Stelle, an welcher der Stein auseinanderbrechen soll. Dann nimmt er einen Hammer und einen Meißel und haut einmal den Strich entlang. Er haut ein zweites Mal und ein drittes Mal – nichts bewegt sich. Er haut zehnmal auf immer dieselbe Stelle – es ist keine sichtbare Veränderung an dem Stein zu erkennen. Er haut hundertmal auf immer dieselbe Stelle – keine sichtbare Veränderung. Erst nach dem zweihundertsten, vielleicht sogar erst nach dem dreihundertsten Schlag auf immer dieselbe Stelle macht es plötzlich „wumm“ – und der Stein bricht exakt an der Stelle, auf die der Steinmetz vorher scheinbar sinnlos dreihundertmal geschlagen hatte. Die Tradition der Frauenbeschneidung ist noch nicht gebrochen. Aber es ist Ihren unermüdlichen Schlägen zu verdanken, dass sie irgendwann brechen wird. Und wenn Sie nur das in Ihrem Leben getan hätten, hätte sich Ihr Leben gelohnt.“

Wollen Sie etwas für die Menschen im drittärmsten Land der Erde tun? Klicken Sie auf www.menschen-fuermenschen.org und investieren Sie in eine bessere Welt.

Und jetzt aufgepasst, meine lieben Leser!

Das Größte, das ich jemals entwickelt habe, stelle ich gratis jedermann zur Verfügung. In diesem Buch finden Sie etwa 200 Metaphern. In dieser Bibliothek bildhafter Vergleiche steckt eine Riesenportion Kreativität und viel, viel Herzblut. Die Bibliothek ist so aufgebaut: Es gibt jeweils einen Angriff, einen Einwand oder ein Argument – und als Erwiderung wird Ihnen ein sprachliches Bild geliefert. Einzigartig an dieser Sammlung ist, dass Sie mit der jeweiligen Allgemeinaussage den Schlüssel erhalten, wie Sie das sprachliche Bild universell auf beliebige andere Argumente anwenden können. Die Metaphern in dieser Bibliothek sind so gestrickt, dass Sie sie im Alltagsgespräch wirklich als Argument einsetzen können. Damit sind Sie dem Gesprächspartner immer um eine Nasenlänge voraus.

Die Sammlung von 200 Metaphern

Die Sammlung ist folgendermaßen aufgebaut: Ich präsentieren Ihnen zunächst jeweils einen Einwand – manchmal ist es ein Angriff, gibt sich als Argument oder ich beschreibe ein Ereignis. Als mögliche Erwiderung darauf wird Ihnen ein sprachliches Bild geliefert. Häufig sind es Metaphern, aber darunter sind auch Vergleiche, Gleichnisse und Fabeln. Dieser Schritt ist jeweils mit Metapher-Erwiderung überschrieben. Dann folgt die Kernaussage, die in diesem Bild enthalten ist, und im letzten Schritt führe ich weitere Einwände an, auf die diese Metapher ebenfalls passt. Manchmal gibt es keine in aller Eindeutigkeit zu formulierende Kernaussage oder ich habe darauf verzichtet, weitere Einwände aufzuführen. In den meisten Fällen ist diese Abfolge jedoch eingehalten.

Und nun wünsche ich Ihnen eine anregende Lektüre!

Die Liegestühle auf der Titanic

Ereignis

Tony Blair entlässt am 5. Mai 2006 nach der größten Wahlniederlage seit zehn Jahren etliche Minister und besetzt die Posten neu.

Metapher-Erwiderung

Was Blair hier macht, ist das bloße Umstellen der Liegestühle auf der Titanic. *Sein innerparteilicher Kritiker, Ex-Gesundheitsminister Frank Dobson*

Kernaussage der Metapher

Sie ergreifen nur oberflächliche Maßnahmen, aber das Projekt ist dem Untergang geweiht.

Der Stein mit dem Etikett

Angriff

Herr Kommunikationstrainer, die Technik, die Sie uns da beibringen, ist doch Manipulation.

Metapher-Erwiderung

Sie kleben einem neutralen Vorgang nur ein negatives Etikett an. Der Vorgang hat sich dadurch nicht verändert. Ich klebe dem Vorgang das Etikett „Mit Tiefe überzeugen“ an. Schauen Sie, wenn ein großer runder Felsbrocken mitten in der Natur liegt, dann können Sie ihm das Etikett ankleben „Majestätisches Monument der Natur“ oder aber Sie kleben das Etikett an „Gefährliches Hindernis für Autofahrer“. Am Stein hat sich nichts verändert. Er bleibt, was er ist: ein Stein. Nur weil Sie ein Etikett ankleben können, hat sich sein Wesen nicht verändert. So ist es auch mit dieser Technik. Sie nennen es „Manipulieren“, ich nenne es „Überzeugen“: Das Wesen dahinter ist nichts anderes, als die Meinung eines anderen zu verändern. Verändern ist das, woraus das Leben besteht. Das ist weder gut noch böse. Es IST einfach. *Matthias Pöhm*

Anwendung der Metapher

Jedes Mal, wenn jemand ein Gesamturteil über eine Sache abgibt, die aber nur seiner Meinung entspricht.

Weitere Angriffe, auf welche die Metapher passt

- Ihr neues Firmelogo finde ich nicht gelungen.
- Also, die Technik der Rückfrage kommt bei mir gar nicht gut an.
- Frankfurt finde ich hässlich.

Das Soufflé im Ofen

Aussage

Wir stehen in allen Umfrageergebnissen eindeutig als haushoher Sieger der nächsten Wahl fest. *Kanzlerkandidatin Angela Merkel circa drei Monate vor der Bundestagswahl 2005*

Metapher-Erwiderung

Gegenwärtig kommen Sie mir mit Ihren Umfragen wie ein wunderbar anzuschauendes Soufflé im Ofen vor. Wir werden sehen, was von der Größe in den letzten drei Wochen übrig bleibt, wenn der Souverän da hineinpiekst. *Außenminister Joschka Fischer*

Kernaussage der Metapher

Die momentanen Erwartungen sind aufgeblasen – warten wir das tatsächliche Ergebnis ab. Oder: Es ist klug, sich erst dann zu freuen, wenn ein definitives Ergebnis vorliegt, nicht bereits dann, wenn gute Signale kommen.

Weitere Aussagen, auf welche die Metapher passt

- Meine Aktien sind in den letzten vier Tagen um 13 Prozent gestiegen.
- Sven hat mir ein gerade eine SMS zurückgeschickt. Ich glaube, ich gefalle ihm auch.
- Klasse! Ich suche einen Job und ich habe heute zufällig eine Firma aus dem Branchenbuch blind angerufen und die sagten prompt: Gut dass Sie anrufen, wir suchen grad jemand.
- Ein Interessent hat angerufen und gefragt, ob ich auch Inhouse-Seminare mache. Jetzt geht es aufwärts mit meiner Unternehmensberatung.
- Der Rechtsanwalt sagt, mit dem Schreiben, das wir da gefunden haben, seien die Chancen gut, den Prozess zu gewinnen.

Die Freunde sind wie Planeten

Argument

Ich will im Gymnasium Latein statt Französisch wählen. Meine besten Freundinnen machen das auch alle.

Metapher-Erwiderung

Es gibt eine Fliegenart, die heißt Eintagsfliege, die lebt nur einen Tag. Sie wird am Morgen geboren, und am nächsten Tag zur selben Zeit ist sie schon wieder tot. So eine Fliege erlebt in ihrem einen Tag des Lebens auch das Wetter. Wenn sie an einem sonnigen Tag geboren wurde, wird sie am Ende ihres Lebens sagen: „Auf der Erde ist es immer warm und trocken." Das ist das, was sie in ihrem Leben erlebt hat. Sie hat nie Regen gesehen – für sie ist es logisch, dass es so etwas gar nicht gibt. Anna-Lena, du lebst jetzt 12 Jahre auf dieser Erde – ich lebe schon fast 40 Jahre hier. Du hast hier erst eine relativ kurze Zeit erlebt. Du hast Freundinnen und Freunde, die dir sehr wichtig sind. Du hältst die Freundschaft vielleicht für dauerhaft, weil du deine Freundschaften nie anders erlebt hast. So wie die Eintagsfliege den Sonnenschein für die immergültige Wahrheit hält, so glauben viele Kinder, dass ihre derzeitigen Freundschaften auch für immer Bestand haben werden.

Ich weiß aber aus der viel längeren Zeit, die ich schon auf der Erde lebe, dass Freundschaften wie Kometen sind. Sie kommen in deine Umlaufbahn, halten sich eine Zeit lang in deinem Anziehungsfeld und gehen dann wieder aus der Umlaufbahn heraus. Dann kommen wieder andere Kometen, die sich auf dich zubewegen, eine Zeit lang in deiner Umgebung kreisen und dann auch wieder aus deiner Umlaufbahn wegdriften. Manche kommen wieder zurück, manche bleiben für immer weg. Es ist ein ständiges Kommen und Gehen. Dabei gibt es ein Problem: Wenn du wegen der Kometen, die gerade in deiner Umlaufbahn sind, eine Entscheidung fürs Leben fällst, dann muss die Entscheidung für dich auch noch gut sein, wenn sich die Kometen schon längst wieder verzogen haben.

Das Problem hast du immer, wenn du etwas entscheidest, weil alle deine momentanen Freunde dieselbe Entscheidung gefällt haben. Eins ist sicher: Die Freunde kommen und gehen und werden irgendwann nicht mehr da sein. Deine Entscheidung aber, die du ihretwegen gefällt hast, bleibt. Fälle niemals eine Entscheidung nur wegen der Freunde, die sich gerade in deiner Umlaufbahn befinden. Das wäre so, als wenn die Eintagsfliege für alle Ewigkeit entscheidet, dass man keine Dächer auf den Häusern braucht, weil sie noch keinen Regen erlebt hat. Irgendwann wird der Regen kommen und dann ist es gut, wenn sie auch noch auf andere gehört hat, die den Regen schon erlebt haben. *Matthias Pöhm*

Anwendung der Metapher

Jedes Mal, wenn Jugendliche eine Entscheidung fällen wollen, nur weil alle ihre derzeitigen Freunde es auch so machen.

Weitere Argumente, auf welche die Metapher passt

- Papa, ich gehe vom Gymnasium ab. Mein bester Freund ist auch gegangen.
- Ich will kein Klavier lernen, niemand von meinen Freundinnen macht so was.
- Ich habe das Rauchen begonnen, weil das alle in meiner Clique machen. Sonst bin ich uncool.

Die Radiowelle

Aussage

Opa ist vorn rübergekippt, der stirbt bald. Der checkt nichts mehr.

Metapher-Erwiderung

Jeder Mensch besteht aus einem Körper und einer Seele. Die Seele ist wie die Radiowellen. Unser Körper ist das Radio. Die Radiowellen sind immer da. Aber nur der Radioapparat lässt die Radiowellen hörbar werden. Wenn auch der Radioapparat defekt ist, so sind die Radiowellen dahinter immer noch absolut perfekt. Auch wenn wir mit einem defekten

Körper leben, die Seele dahinter ist immer gesund. Und wenn wir gestorben sind, kommt wieder nur die reine Seele, die perfekte Radiowelle zutage. Und wenn Sie an die Wiedergeburt glauben, dann stellen Sie sich vor, Sie bekommen einfach einen neuen Radioapparat.

Kernaussage der Metapher

Kein Mensch darf wegen eines geistigen oder körperlichen Defekts als minderwertig betrachtet und behandelt werden.

Weitere Aussagen, auf welche die Metapher passt

- Der hat einen Unfall, sein Hirn ist nur noch Gemüse. Da läuft nichts mehr.
- Das Kind ist geistig behindert, damit kann man nichts mehr anfangen.
- Mit Stephen Hawkins möchte ich nicht tauschen, der kann nicht mal mehr sein Essen im Mund halten.

Der Wegweiser

Angriff

Sie sagen uns, Zucker ist ungesund – und Sie selbst geben sich Zucker in den Kaffee. Ein Ernährungsberater sollte mit gutem Beispiel vorangehen.

Metapher-Erwiderung

Stellen Sie sich vor, Sie laufen durch eine Gegend, in der Sie sich nicht auskennen. Auf einmal kommen Sie an eine Weggabelung, an der vier verschiedene

Wege abgehen. Sie wissen nicht wohin. Plötzlich entdecken Sie einen Wegweiser, der Ihnen den Weg zeigt. Der Wegweiser muss die Richtung zeigen, wo es langgeht, aber er selbst muss nicht den Weg gehen, den er weist.

So ist es auch mit einem Ernährungsberater. Er muss den Weg zur Gesundheit weisen können, aber es nützt dem Klienten nichts, wenn der Ernährungsberater diesen Weg verfolgt.

Kernaussage der Metapher

Man muss nicht unbedingt alles selber machen, was man anderen beibringen will.

Weitere Angriffe, auf welche die Metapher passt

- Sie sollen uns hier Pünktlichkeit beibringen, aber Sie selbst kommen immer zu spät.
- Sie müssen gerade von Freundlichkeit reden! Ich habe schon Beschwerdebriefe von Kunden gelesen, die sich über SIE beschwert haben!
- Ich frage mich, wie einer ein Führungsseminar halten will, der selbst noch nie eine Führungsposition innehatte.

Der Formel-1-Rennwagen

Einwand

Ihr Rohkostler seid doch Spinner. Der Körper bleibt auch dann leistungsfähig, wenn man ihm gekochte Nahrung gibt.

Metapher-Erwiderung

Schauen Sie, bei der Formel 1 werden die Rennwagen mit einem speziell hergestellten Rennbenzin betankt. Da kostet eine Tankfüllung 6.000 Euro. Was die meisten gar nicht wissen, ist, dass man diese Wagen auch mit ganz normalem Superbenzin fahren kann. Der Wagen fährt tatsächlich, Sie als Nichtfachmann würden das ohne Vergleich gar nicht merken. Sie haben den Eindruck, der Wagen hat volle Power. Das Problem dabei ist allerdings, dass er in Wahrheit nur etwa 40 Prozent der normalen Leistung bringt. Und spätestens nach drei Runden ist der Motor kaputt. Dieser Formel-1-Wagen ist halt genau auf das besondere Benzin ausgelegt. Und genauso ist es auch mit unserem Körper. Er ist durch zwei Millionen Jahre Evolution auf ungekochte Nahrung ausgelegt. Man kann ihn sicherlich mit etwas anderem füttern. Aber Sie werden halt nur 40 Prozent der Leistung bringen und ohne Vergleich mit dem richtigen Kraftstoff der Natur merken Sie das nicht einmal. Aber Sie müssen leider schon nach viel weniger Runden zum endgültig letzten Boxenstopp.
Matthias Pöhm

Kernaussage der Metapher

Der Körper bringt die höchste Leistung nur, wenn man spezielle Nahrung zuführt.

Weitere Einwände, auf welche die Metapher passt

- Ich brauche kein zusätzliches Eiweiß, ich bin auch so genug fit!
- Vegetarier werden nicht älter, sie sehen nur älter aus.
- Trennkost ist Blödsinn, mir geht’s auch so ganz gut.

Die Holzofenheizung mit Edelhölzern

Aussage

Ernähren Sie sich ausschließlich mit Rohkost, dann hat ihr Körper die maximale Leistungsfähigkeit.

Metapher-Erwiderung

Das ist etwa so, als ob Sie einen normalen Holzofen nur mit südamerikanischen Edelhölzern heizen wollten. Dem Ofen ist es egal, womit Sie ihn füttern. Die Wirkung, die Wärme, ist dieselbe.

Und so ist es auch mit unserem Körper. Der braucht keine spezielle Nahrung, um eine bestimmte Wirkung zu bringen. Der ist wie der Ofen gebaut, der verarbeitet alles. *Matthias Pöhm*

Kernaussage der Metapher

Der Körper braucht keine spezielle Nahrung, er verarbeitet alles.

Das Coca-Cola-Rezept

Angriff

Microsoft hat ein Quasi-Monopol auf sein Betriebssystem Windows. Es muss den Quellcode seines Programms den anderen Softwareherstellern zur Verfügung stellen.

Metapher-Erwiderung

Das ist dasselbe, als ob man Coca-Cola dazu verpflichtet, sein Rezept an Pepsi Cola zu liefern. *Original Antwort von Bill Gates*

Das Steuergesetz

Angriff

Das wäre ja noch schöner, wenn Microsoft den Quellcode des Betriebssystems der Konkurrenz geben müsste. Das kommt nicht infrage!

Metapher-Erwiderung

Doch, genau das müssen sie. Microsoft hat das Monopol für das Betriebssystem. Genauso wie das Steueramt das Monopol hat, Steuern einzutreiben. Stellen Sie sich vor, das Steueramt würde sich weigern, die Steuergesetze den Steuerzahlern bekannt zu geben. *Matthias Pöhm*

Der Einzige auf der Autobahn

Aussage

Die Bundeswehr darf keine entführten Maschinen abschießen. *Urteil des Bundesverfassungsgerichts*

Metapher-Erwiderung

Deutschland ist das einzige Land in der Welt, in dem das nicht erlaubt ist. Wenn man auf der Autobahn fährt und man ist der Einzige in der einen Fahrtrichtung und es kommen einem permanent Fahrzeuge auf der eigenen Bahn entgegen, kann man schon sagen, die anderen sind alle falsch. *Innenminister Schäuble am 15. Februar 2006*

Kernaussage der Metapher

Passen wir uns der Maßnahme an, die alle vertreten. Oder: Das, was alle machen, kann nicht verkehrt sein!

Der Bergbach

Frage

Wie wichtig ist es für die Gesundheit, nicht mehr zu rauchen?

Metapher-Erwiderung

Wie wichtig ist es, kein Altöl in einen klaren Bergbach zu kippen?

Das Pferd im Kuhstall

Einwand

Hans-Jochen Vogel, von 1960 bis 1972 Oberbürgermeister von München, wurde als Sohn bayerischer Eltern in Göttingen geboren. Darauf pflegten seine politischen Gegner in der CSU, aber auch seine Parteifeinde in der SPD gern anzuspielen:

A Schand, unser OB is a Preiß!

Metapher-Erwiderung

Wenn a Pferd im Kuahstoi geborn is, is es dann a Pferd oder a Kuah? *Originalantwort von Hans-Jochen Vogel*

Das Schwangersein

Aussage

Vermögen bildet man, indem man diszipliniert am Monatsanfang einen festen Betrag zur Seite legt.

Metapher-Erwiderung

Nein, sparen soll man dann, wenn man plötzlich einmal viel Geld übrig hat. Das ist wie beim Schwangersein – da geben Sie einmal im richtigen Moment Energie rein und dann haben Sie ein mächtiges Ergebnis.

Das Medikament

Aussage

Vermögen bildet man, indem man diszipliniert am Monatsanfang einen festen Betrag zur Seite legt.

Metapher-Erwiderung

Nein, sparen soll man dann, wenn man plötzlich mal viel Geld übrig hat. Das ist wie ein Medikament – das nehmen Sie auch nur, wenn Sie krank sind.

Der Muskelaufbau

Aussage

Mein Vermögen bilde ich so: Ich spare immer dann, wenn ich mal etwas übrig habe.

Metapher-Erwiderung

Meinen Sie, es reicht, nur einmal Sport zu treiben, um Muskeln zu bekommen? So ist es auch mit dem Sparen. Um zu einem Vermögen zu kommen, müssen Sie es regelmäßig tun, sonst sehen Sie kein Ergebnis.

Kernaussage der Metapher

Man sieht nur dann den Erfolg, wenn man eine Sache regelmäßig wiederholt.

Weitere Aussage, auf welche die Metapher passt

- Ein Seminar mit dieser Thematik habe ich schon einmal besucht. Da muss ich nicht mehr hin.
- Wir haben unseren Kunden schon einmal ein Mailing geschickt, da gab's fast keine Reaktion. Das können wir uns ein zweites Mal sparen.

Die Zimmerpflanzen

Aussage

Mein Vermögen bilde ich so: Ich spare immer dann, wenn ich mal was übrig habe.

Metapher-Erwiderung

Das ist wie bei Ihren Zimmerpflanzen. Wenn Sie die nur einmal gießen, gehen sie ein. Sie müssen regelmäßig gießen, damit sie wachsen und gedeihen. *Matthias Pöhm*

Kernaussage der Metapher

Wie oben.

Der Schäfer mit der Schafherde

Eine ehemalige Teilnehmerin an einem meiner Rhetorikseminare hatte einen vier Jahre alten Rechtsstreit. Sie forderte von ihrem ehemaligen Arbeitgeber noch eine große Summe. Sie hatte bereits etliche Prozesse hinter sich, jedoch immer verloren. Von ihrem Anwalt war sie im Laufe der Zeit mehr und mehr enttäuscht und hatte nach meinem Rhetorikseminar den Entschluss gefasst, den Prozess noch einmal in der nächsten Instanz zu bestreiten. Diesmal aber wollte sie das Plädoyer selbst halten. Aus diesem Grund kam sie zum Rhetorik-Einzelcoaching, um zusammen mit mir ein Plädoyer zu erarbeiten. Die Rechtsschrift umfasste 40 Seiten hoch komplizierte juristische Sachverhalte.

Hier verkürzt der vom Arbeitgeber vorgebrachte

Einwand

Sie haben kein Anrecht auf die Nachzahlung. Sie haben im letzten Jahr mit Ihrer Abteilung weniger Umsatz gemacht.

Metapher-Erwiderung

Ein Schäfer hütet 20 Schafe. Der Schäfer wird vom Herdenbesitzer mit einem festen Anteil der Wolle bezahlt, welche die Schafe geben. Eines Tages nimmt der Besitzer dem Schäfer die Hälfte der Herde weg und sagt ihm: „Ich nehme dir einen Teil der Schafe, aber ich verspreche dir, dein Lohn bleibt garantiert. Du bekommst genauso viel Wolle, als wenn deine Herde vollständig wäre.“ Als der Schäfer das nächste Mal zum Scheren kommt, sagt der Herdenbesitzer: „Du gibst ja weniger Wolle ab – also bekommst du auch weniger als Lohn. Außerdem hast du nichts Schriftliches.“ Das genau ist meine Situation. Was ich fordere, ist die versprochene Wolle. *Matthias Pöhm*

Der Kanarienvogel im Käfig

Argument

Heiraten ist gut. Man hat Untersuchungen gemacht und festgestellt, dass verheiratete Menschen länger leben.

Metapher-Erwiderung

Ein Kanarienvogel im Käfig lebt ungefähr ein Drittel länger als ein Vogel in freier Wildbahn. Möchten Sie deswegen lieber im Käfig leben? *Matthias Pöhm*

Das Schiff im Hafen

Argument

Heiraten ist gut. Das gibt dem Menschen eine gewisse Sicherheit.

Metapher-Erwiderung

Ein Schiff ist im Hafen am sichersten – aber dafür sind Schiffe nicht gebaut worden.

Kernaussage der Metapher

Vermeintliche „Sicherheit“ ist nicht immer von Vorteil.

Das Baby-Krabbeln

Einwand

Was bist du denn für ein Sexsüchtiger! Willst immer mit zwei Frauen gleichzeitig schlafen – eine allein ist doch auch gut.

Metapher

Wer einmal laufen gelernt hat, will nie mehr zum Krabbeln zurück. *Claudia Huber, VIP-Co-Trainerin*

Kernaussage

Wer einmal eine bessere Sache kennengelernt hat, will keine Verschlechterung mehr.

Weitere Einwände, auf welche die Metapher passt

- Herr Kunde, wir haben zwar keine Bio-Tomaten, aber nehmen Sie doch die italienischen, die schmecken ganz gut.
- Sie hatten bisher einen Siebener BMW. Der neue Fünfer hat's aber auch in sich.
- Lieber Herr Kunde, kaufen Sie doch jetzt das Produkt mit geringerer Qualität, das kommt Sie billiger.
- Mama, ich hab Angst auszuziehen. Dann muss ich mich um alles selbst kümmern und selbst einkaufen, waschen und außerdem bin ich dann auch ganz allein.
- Ich habe Präsentationen mit PowerPoint erlebt, die waren gut. Warum soll ich auf PowerPoint verzichten?

Die nicht abgelaufene Parkuhr

Argument

Ich hab das Frühstücksbuffet bezahlt. Jetzt will ich auch bis zum Schluss bleiben und alles probieren.

Metapher-Erwiderung

Bleibst du, wenn du zu deinem Auto zurückkommst und auf der Parkuhr noch Zeit übrig ist, weiter geduldig an der Parkuhr stehen, bis die bezahlte Zeit abgelaufen ist? Nein! Genauso sinnlos ist es hier, wenn du bis zum Schluss der Veranstaltung wartest, nur weil du bezahlt hast.

Die zusätzlichen Nullen im Sparbuch

Angriff

Mein Kind hatte in den Klassen vor Ihnen viel bessere Noten. Jetzt bei Ihnen in der Abschlussklasse ist es schlecht geworden. Das muss doch an Ihnen als Lehrer liegen. *Mutter zum Lehrer*

Metapher-Erwiderung

In den Klassen vor mir werden leider oft gute Noten verteilt, um den Eltern zu gefallen. Da gibt's keine kantonale Abschlussprüfung, die den echten Leistungsstand kontrolliert. Ich in der Abschlussklasse habe das Problem, dass ich nach kantonaler Prüfungsordnung die echte Leistung beurteilen muss.

Das ist dasselbe, als wenn der Bankangestellte in Ihrem Sparbuch immer per Hand eine Null dazumalt und Sie sich dann beim Geldabheben wundern, dass Sie diesen Betrag nicht wirklich bekommen. Meine Aufgabe ist es, Ihnen ohne rosarote Brille klarzumachen, was wirklich auf dem Konto ist. *Matthias Pöhm*

Der Diamant

Argument

Sie müssen Ihre Mitarbeiter durch Anreize und Belohnung motivieren. Sie machen nur Druck, das tötet die Motivation.

Metapher-Erwiderung

Wenn Sie ordinäre, normale Kohle veredeln wollen, dann machen Sie das, indem Sie dauerhaften Druck draufgeben, dann wird sie zum Diamanten. Und so geht es auch mit meinen Mitarbeitern.

Die Blume

Angriff

Sie müssen Ihren Mitarbeitern mehr Druck machen, sonst haben sie keinerlei Motivation, irgendwas zu tun. Mit Ihrem Anreizsystem läuft das nicht!

Metapher-Erwiderung

Eine Blume wächst immer der Sonne entgegen. Ohne Sonne als Anreiz geht sie ein. Und so ist es auch mit unseren Mitarbeitern. *Matthias Pöhm*

Das Zehn-Finger-System

Angriff

Sie haben uns versprochen, dass wir mit Ihrer neuen Software schneller sind und eine geringere Fehlerquote haben. Genau das Gegenteil ist aber eingetroffen: Wir sind langsamer geworden und haben eine höhere Fehlerquote.

Metapher-Erwiderung

Wenn Sie beim Schreibmaschineschreiben vom Zwei-Finger-System zum Zehn-Finger-System wechseln, werden Sie zunächst einmal langsamer und machen auch mehr Fehler. Trotzdem ist es auf Dauer das bessere System. Und genauso ist es auch mit unserer Software

Kernaussage der Metapher

Mit einer neuen Methode macht man am Anfang zunächst einen Rückschritt, aber dann kommt wesentlich mehr Fortschritt.

Weitere Angriffe, auf welche die Metapher passt

- Mit Ihrer Werbekampagne für das Image unserer Marke sind die Verkaufszahlen zurückgegangen.
- Mit dem Neuzukauf dieser Firma haben wir unseren Gewinn in den Keller gebracht.
- Ihre komische Salz-Wasser-Lösung sollte meine Akne stoppen, jetzt ist sie sogar schlimmer geworden.

Die Metapher ist anwendbar für alle Heilmethoden oder medizinische Geräte, die zunächst eine sogenannte „Erstverschlechterung" bringen.

Die Meisterkoch-Gourmet-Gerichte

Aussage

Ich habe ein Schlagfertigkeitsbuch mit einer großen Beispielsammlung von schlagfertigen Antworten gekauft. Das macht mich sicher schlagfertiger.

Metapher-Erwiderung

Stellen Sie sich vor, Sie bekommen dauernd 1A-Gourmet-Gerichte von einem Meisterkoch zum Essen serviert. Nach zwei Wochen gehen Sie davon aus, dass Sie jetzt genauso wie der Meisterkoch selbst kochen können, denn Sie waren ja ständig Beispielen seiner Kochkunst ausgesetzt. Das funktioniert aber nicht. Sie haben zwar seine Kreationen konsumiert, aber was Ihnen fehlt, ist das Rezept, WIE er's gemacht hat. – Und genauso ist es auch mit vielen Büchern zum Thema Schlagfertigkeit. Sie enthalten nur Sammlungen von Beispielen – ohne die Strategie, WIE man selbst auf solche Antworten kommt. Das Konsumieren der fertigen Antwort, ohne das Rezept, macht Sie noch nicht zum Meisterkoch. *Matthias Pöhm*

Das Robbie-Williams-Konzert

Einwand

Ein Seminar, das mehr als 30 Teilnehmer hat, bringt dem Einzelnen nichts mehr.

Metapher-Erwiderung

Wenn Robbi Williams ein Konzert gibt, ist es egal, ob 60.000 andere das Konzert auch noch besuchen. Das Konzert bleibt trotzdem gut.

Der Arztbesuch

Aussage

Auch bei einem Seminar, das 30 Teilnehmer hat, profitiert jeder Einzelne.

Metapher-Erwiderung

Das ist etwa so, als ob ein Arzt versucht, 30 Patienten gleichzeitig zu operieren. *Matthias Pöhm*

Der Kirchenbesuch

Einwand

Ein Seminar, das mehr als 30 Teilnehmer hat, bringt dem Einzelnen nichts mehr.

Metapher-Erwiderung

Wenn Sie in eine Kirche gehen, ist es für jeden Gläubigen erbauend, egal wie viele andere Kirchenbesucher sich noch in der Kirche befinden.

Auf den Einwand können Sie auch mit folgendem Bild kontern:

Die Sightseeing-Tour

Wenn Sie mit dem Doppeldeckerbus eine Sightseeing-Tour machen, ist es egal, ob neben ihnen noch 80 andere den Ausführungen des Fremdenführers lauschen. *Matthias Pöhm*

Das Brötchenrezept

Einwand

Ein Seminar, das mehr als 30 Teilnehmer hat, bringt dem Einzelnen nichts mehr.

Metapher-Erwiderung

Wenn das Rezept stimmt, hat ein Brötchen immer denselben Geschmack, ob 30 Brötchen oder 300 Brötchen gleichzeitig im Ofen sind.

Der Holzfäller

Einwand

Ich kann kein Seminar besuchen, ich habe keine Zeit für so etwas.

Metapher-Erwiderung

Ein Mann läuft durch einen Wald und sieht einen Holzfäller arbeiten. Er zählt die Bäume, die der Holzfäller bis dahin gefällt hat. Er zählt zehn Bäume. Am nächsten Tag kommt er zur selben Zeit wieder des Weges und er sieht, dass der Holzfäller nur acht

Bäume gefällt hat. Am nächsten Tag sind es nur noch fünf Bäume. Er hält an und fragt ihn: „Warum fällst du von Tag zu Tag immer weniger Bäume?" Darauf antwortet der Holzfäller: „Weißt du, mein Beil ist nicht mehr so scharf wie am ersten Tag." Er fragt: „Warum schärfst du es dann nicht?" Darauf der Holzfäller: „Ich hab' keine Zeit, ich muss Bäume fällen ..." (Kunstpause) Genauso ist es auch mit den Seminaren. Das Seminar besuchen heißt, sein Beil für die Arbeit neu zu schärfen. Die investierte Zeit kommt später zig-fach wieder herein.

Kernaussage der Metapher

Eine einmal investierte Zeit lohnt sich letztendlich immer.

In acht von zehn Fällen anwendbar, wenn jemand sagt: „Dafür habe ich keine Zeit!"

Weitere Einwände, auf welche die Metapher passt

- Das neue Datenbanksystem im Betrieb einzuführen kostet nur Zeit. Bis jetzt ist es ja auch ohne gegangen.
- Ich kann keine Übersicht über meine Büroordner erstellen, ich habe Wichtigeres zu tun.
- Für unsere Mitarbeiter einen Telefongesprächsleitfaden zu entwickeln ist zu aufwendig. Dafür habe ich keine Zeit.
- Ich habe keine Zeit, mich in das neue Computerprogramm einzuarbeiten.

Der Fußballweltmeister

Angriff

Ihre Internet-Handelsplattform haben Sie gar nicht selbst erfunden. Da gibt es andere, die waren weit vor Ihnen da.

Metapher-Erwiderung

Die Engländer haben den Fußball erfunden. Wissen Sie, wer im Moment Fußballweltmeister ist? Die Italiener! Sehen Sie, so ist es auch mit der Internetplattform. Der Erfinder einer Idee muss nicht sein bester Anwender sein. Andere waren vor uns da, aber wir haben die Nase vorn. *Matthias Pöhm*

Kernaussage der Metapher

Nur weil jemand etwas als Erster gemacht hat, muss er noch lange nicht der Erfolgreichere sein.

Weitere Angriffe, auf welche die Metapher passt

- Ein neues Buch über Ernährung brauchen wir nicht – es gibt schon so viele.
- Die Marketingidee gab's schon mal. Die brauchen wir nicht mehr.
- Herr Dahms hat bereits vor Ihnen ein Schlagfertigkeitsbuch veröffentlicht. Sie waren nicht der Erste!

Die Suppe mit nur einem Gewürz

Angriff

Du bist ja gar kein richtiger Deutscher, deine Mutter ist doch eine Türkin.

Metapher-Erwiderung

Weißt du, eine Suppe mit nur einem Gewürz schmeckt ziemlich fade. *Matthias Pöhm*

Die Lieblingsfarbe

Einwand

Ich finde Ihren Logo-Entwurf nicht gut.

Metapher-Erwiderung

Welches ist Ihre Lieblingsfarbe?
„Grün."

Wenn jemand Blau als Lieblingsfarbe hat, ist dann bewiesen, dass Blau eine schlechte Farbe ist?
„Nein."

Schauen Sie, so ist es auch mit dem Logo-Entwurf. Ihnen gefällt Grün, anderen gefällt Blau. Das heißt noch lange nicht, dass der Logo-Entwurf schlecht ist! *Matthias Pöhm*

Kernaussage der Metapher

Wenn jemand eine Sache nicht gut findet, muss sie noch lange nicht schlecht sein.

Weitere Einwände, auf welche die Metapher passt

- Herr Huber, Ihr Vorschlag überzeugt mich nicht!
- Musst du immer diese dummen Video-Spiele spielen?
- Ihr Gleichnis fand ich jetzt aber nicht gut.

Die Spaghetti

Einwand

Frau zu Mann: „Du schaust Pornos. Hast du das nötig?“

Metapher-Erwiderung

Nein, aber es macht Riesenspaß. Schau, wenn jemand gern Spaghetti isst und du halt nicht, dann fragst du ja auch nicht, ob er das nötig hat.

Kernaussage der Metapher

Jedes Hobby ist erlaubt, solange es keinem anderen schadet.

Der IKEA-Schrank

Einwand

Bei der Konkurrenz ist die Dienstleistung aber billiger.

Metapher-Erwiderung

Stellen Sie sich vor, Sie haben einen ausladenden IKEA-Schrank gekauft und beschließen, ihn von einer Hilfskraft zusammenbauen zu lassen. In der Zeitung entdecken Sie zwei Inserate von Studenten, die Gelegenheitsjobs suchen. Mit beiden telefonieren Sie. Der eine verlangt 10 Euro die Stunde, der andere 15 Euro die Stunde. Sie befragen den, der 10 Euro kostet. Er sagt, er habe noch niemals ein IKEA-Regal zusammengebaut, aber er kriege das schon hin. Sie befragen den, der 15 Euro kostet. Er sagt: „Seit drei Jahren mache ich nichts anderes, als IKEA-Möbel zusammenzubauen." Welchen würden Sie nehmen, wenn Sie Geld sparen wollen? *Matthias Pöhm*

Kernaussage der Metapher

Das billigere Angebot kostet unterm Strich meistens trotzdem mehr.

Das unschuldige Messer

Einwand

Einen extra für Öffentlichkeitsarbeit zuständigen Mann werden wir nicht zur Verfügung stellen. Das ist gegen unsere Moral. Auch Hitler hatte einen Propagandaminister – und wir wissen ja, wohin das geführt hat!

Metapher-Erwiderung

Mit einem Messer können Sie Brot schneiden und mit einem Messer können Sie einen Menschen töten. Das Messer ist erst einmal unschuldig – das Instrument kann nichts dafür, was Sie mit ihm anstellen. So ist es auch mit dem PR-Mann für die Öffentlichkeitsarbeit. Jede Methode ist erst einmal unschuldig. Es ist die Absicht des Anwenders, die sie zu einem Hilfsmittel oder einem Mordinstrument macht.

Kernaussage der Metapher

Die Methode (das Instrument) kann nichts dafür, wenn einer sie missbraucht.

Weitere Einwände, auf welche die Metapher passt

- Wenn wir eine bessere Gesellschaft wollen, dann sollte das Fernsehen verboten werden.
- Die Formulierung „höheres Ziel“ mag ich nicht. So argumentieren immer unsere Politiker, und das finde ich zum Kotzen!
- Die Leute eines illegalen Schneeballsystems haben sich auch solche Motivationsgurus für ihre Verkäufer geholt. Von solchen Motivationsleuten lassen wir lieber die Finger.
- Mir hat mal einer eine Finanzanlage angedreht, die hat sich im Nachhinein als Betrug erwiesen. Der Verkäufer hat genau Ihre vorgestellte Fragetechnik angewandt.
- Bleiben Sie mir weg mit dieser Methode, die benutzt auch Scientology.

Das Gebiet, wo Gold zu finden ist

Aussage

Jesus hat gesagt: „Nur wer meiner Kirche folgt, dem ist das Himmelreich.“ Deshalb wird jeder, der vom

Christentum gehört hat und sich nicht bekehrt, von Gott verdammt!

Metapher-Erwiderung

Es gab einmal eine riesige Insel – so groß wie ein ganzer Erdteil – und die gesamte Insel war ein einziges Goldvorkommen. Von der Oberfläche aus sah man nichts, aber unter der Erdoberfläche fanden sich bis in tiefste Schichten unregelmäßig verteilt, kleine und große Goldklumpen – über die ganze Insel hinweg. Aber viele Jahrhunderte wusste niemand davon. Nun gab es aber in grauer Vorzeit einen weisen, wissenden Meister, der entdeckte beim Graben eines Tages einen wunderschönen Goldklumpen. Er grub weiter und entdeckte, dass unter der Erde Goldklumpen über Goldklumpen unregelmäßig verteilt waren. Er verkündete die Botschaft: „Hier findet ihr Gold." Es bildete sich ein Volksstamm um ihn, der ein Terrain absteckte, in dem der Meister sein Gold gefunden hatte. Fortan gruben sie in diesem kleinen abgesteckten Gebiet nach Gold. Und tatsächlich findet dieser Volksstamm bis heute in seinem Gebiet immer wieder kleinere und größere Goldklumpen. Die Menschen dieses Volksstamms sind sich sicher, dass dies das auserwählte Gebiet ist, in dem alles zu finden ist. Sie graben nirgendwo anders, sie graben immer an derselben Stelle. Sie graben immer tiefer und immer tiefer und tatsächlich finden sie immer wieder Goldklumpen. Dabei ist die ganze Insel ein einziges Goldvorkommen.

Genauso ist es mit den Religionen. Dieser Volksstamm sind die Christen, dieser Volksstamm sind die Hindus, dieser Volksstamm sind die Moslems, dieser Volksstamm sind die Buddhisten. Jeder Volksstamm hat sein Terrain abgesteckt und nur dort sucht er nach Gold. Die Christen denken, sie haben die einzige Quelle, die Gold enthält: die Bibel. Aber sie trauen sich nicht, woanders zu graben. Und einerlei wo sie graben würden, sie fänden ÜBERALL Gold. Nicht nur in der Bibel, sondern in jeder anderen heiligen Schrift, in jedem Zeitungsartikel, in jedem Buch, in jedem Satz eines jeden Menschen und vor allem in sich selbst. Überall ist Gold, es gilt nur, es zu entdecken. Das Problem der Religionen ist: Sie meinen, jeder Mensch müsse alles Gold der Welt auf ihrem abgesteckten Territorium finden. Dabei quillt die Welt über von Gold. *Matthias Pöhm*

Der Skifahrer

Angriff

Ich kenne jemanden, der hat Ihr Gerät ausprobiert, aber es hat nicht geklappt.

Metapher-Erwiderung

Nur weil man auf der Skipiste einmal hinfällt, ist nicht bewiesen, dass das Skifahren nichts taugt. So ist es auch mit diesem Gerät. *Matthias Pöhm*

Kernaussage der Metapher

Eine Methode ist wegen eines einzigen Fehlversuchs noch lange nicht falsch.

Die Raucherentwöhnung

Einwand

Sie sagen uns hier, wir sollen uns schriftliche Ziele setzen. Das wissen wir doch bereits alle, die Erkenntnis ist nicht gerade neu.

Metapher-Erwiderung

Wissen allein genügt nicht. Stellen Sie sich einen Raucher vor, der sich das Rauchen abgewöhnen will. Er weiß ja, dass es schädlich ist, aber er lässt es trotzdem nicht. Wenn ich ihn jetzt dazu bringe, das endlich zu TUN, was er schon längst weiß, ist das ein Riesenerfolg. Sie wissen so viel, aber Sie tun es nicht. Genauso ist es auch mit Ihren Zielen. *Matthias Pöhm*

Kernaussage der Metapher

Die Menschen wissen es, aber sie tun es nicht. Jedes Mal, wenn Sie eine Sache vorstellen und jemand sagt: „Das kenne ich schon, das ist nichts Neues."

Das Schachspiel

Einwand

Wenn ich bei meinem Chef mit solch einer Rückfrage kontere, dann sagt er: Lassen Sie diese Rückfragen, beantworten Sie meine Frage.

Metapher-Erwiderung

Stimmt, das könnte passieren. Die Chance ist zwar sehr gering, aber es könnte passieren. Viele meinen, dass eine Technik nur dann gut ist, wenn niemand mehr etwas darauf sagen kann. So funktioniert Schlagfertigkeit aber nicht. Schlagfertigkeit ist wie Schachspielen. Schlagfertigkeit zu lernen heißt, Ihnen Schach beizubringen. Ich zeige Ihnen einzelne Züge und gewinnbringende Strategien. Niemals wird es aber den einen Zug geben, der den Gegner aus jeder Position IMMER schachmatt setzt. Sie verschaffen sich durch die Techniken eine strategisch günstigere Ausgangsposition. Aber auf jeden Zug gibt es natürlich Erwiderungsmöglichkeiten für den Gegenspieler. Darauf kann ich ja wieder etwas Neues entgegnen. Das ist das Schöne am Schachspielen – genauso wie bei der Schlagfertigkeit. *Matthias Pöhm*

Das Binnenmeer

Einwand

Die Swissair ist pleite und wir als Schweizer Unternehmen sollen Geld in die Swissair stecken? Das machen wir nicht. Davon haben wir nichts, das geht uns nichts an.

Metapher-Erwiderung

Nein! Wir sitzen mit der Swissair in einem Boot, ob wir das wollen oder nicht. Die Swissair hat weitreichenden Einfluss auch auf Ihr Geschäft. Die Krise einer Säulenfirma wie Swissair zieht automatisch auch die Nationalwirtschaft nach unten. Davon sind auch Sie ein Teil.

Stellen Sie sich ein Binnenmeer vor, das viele kleine Zuflüsse hat, aber einen großen Hauptzufluss. Wird der Hauptzufluss gestoppt, sinkt der Wasserspiegel des Meeres, es gibt weniger Niederschläge in der ganzen Region und plötzlich führen auch die Nebenflüsse weniger Wasser. Bis eines Tages alle Zuflüsse nur noch Rinnsaale oder ganz verschwunden sind. Das Binnenmeer schrumpft zu einem bedeutungslosen Salzsee. Genauso ist es auch mit der Schweizer Nationalwirtschaft. Sie ist das Binnenmeer. Sie mit Ihrer Firma sind einer dieser kleineren Zuflüsse. Wenn die Swissair als Hauptzufluss stirbt, schadet das auch Ihnen. Wenn Sie die neue Airline stützen, stützen Sie automatisch das Überleben Ihrer eigenen Firma. *Matthias Pöhm*

Die Staumauer

Einwand

Die Swissair macht zwar Verlust, aber wir müssen in diese Firma einfach neues Geld stecken, dann kommt sie wieder hoch und die Arbeitsplätze werden erhalten. *Historischer Fall: Swissair-Grounding 2001*

Metapher-Erwiderung

Diese Firma ist wie ein Stausee. Wenn der Staudamm vorne einmal einen großen Riss hat, ohne dass ein Reparaturtrupp in Sicht ist, nützt es nichts, wenn Sie hinten immer neues Wasser nachgießen. Bei der Swissair hat die Staumauer keinen Riss, sondern sie ist geborsten. Da gießen wir nichts mehr nach. *Matthias Pöhm*

Kernaussage der Metapher

Es ist nicht klug, eine marode Firma nur mit neuem Geld, aber ohne Strukturveränderungen am Leben erhalten zu wollen.

Das faule Ei

Angriff

Sie haben keine Ahnung, Sie haben doch noch nie gearbeitet und einen Schraubenschlüssel in der Hand gehalten! *Hartmut Mehdorn, Chef der Deutsche Bahn.*

Metapher-Erwiderung

Ich muss keine Eier legen können, um beurteilen zu können, ob ein Ei faul ist oder nicht. *Herr Ewers, TU Berlin*

Weitere Situationen, auf welche die Metapher auch passt

Immer wenn Ihnen jemand vorwirft, dass Sie keine Praxis hätten.

Die Körpergröße der Süditaliener

Angriff

Machen Sie sich mal von Ihren Vorurteilen frei!

Metapher-Erwiderung

Wenn ich sage, dass die Süditaliener im Durchschnitt kleiner sind als die Nordeuropäer, dann ist das kein Vorurteil, sondern eine statistische Tatsache! Und genauso ist es auch hier. *Matthias Pöhm*

Weitere Situationen, auf welche die Metapher passt

Jedes Mal wenn Ihnen jemand vorwirft, dass Sie Vorurteile hätten.

Das Omelett

Angriff

Dann machen Sie es doch erst mal besser!

Metapher-Erwiderung

Man muss ein Omelett nicht selbst zubereitet haben, um beurteilen zu können, ob es schmeckt.

Weitere Situationen, auf welche die Metapher passt

Wenn man Kritik übt, der Kritisierte einem im Gegenzug aber vorwirft, man sei kein Fachmann, habe keine Praxis, solle es selber machen ...

Die Schreibmaschine

Einwand

Ich habe kein Interesse an Ihrem Produkt. *Kunde am Telefon*

Metapher-Erwiderung

Das ist klar. Es war ungefähr 1985. Da wollten die Sekretärinnen auch alle bei ihrer Schreibmaschine bleiben und hatten kein Interesse an einem neuen Produkt ... Sie sagten: „Was soll ich denn damit? Meine elektrische Schreibmaschine funktioniert doch wunderbar, ich muss nichts ändern." Das neue Produkt war – der Computer! Ich kenne viele Leute, die ähnlich wie Sie reagiert haben und im Nachhinein froh waren, diese 20 Minuten investiert zu haben. *Matthias Pöhm*

Die Rattenversuche

Einwand

Was, Sie wollen schon wieder Ferien? *Der Chef zu einem Mitarbeiter*

Metapher-Erwiderung

Man hat Rattenversuche gemacht. Ratten mussten lernen, rote, grüne und gelbe Formen auseinanderzuhalten. Man wollte wissen, in welcher Zeit und mit welcher Methode man das beste Ergebnis bekommt. So hat man zwei Gruppen gebildet. Die eine Gruppe wurde jeden Tag, 30 Tage hintereinander, gezwungen, die Übungen zu machen, die andere Gruppe hat man jeweils alle drei Tage einen Tag Pause einlegen lassen. Ergebnis: Die Gruppe ohne Pausen erkannte nach 30 Tagen nur circa die Hälfte aller Formen wieder. Die zweite Gruppe, die jeden dritten Tag einen Tag Pause hatte, erkannte nach 20 Tagen bereits 100 Prozent der Formen. Wollen Sie einen

Mitarbeiter, der 100 Prozent leistet oder nur 50?
Matthias Pöhm

Kernaussage

Wer sich regenerieren kann, kann 100 Prozent seiner Leistung bringen.

Der Herr im Himmel

Angriff

Du bist doch nur ein Hilfsschüler!

Metapher-Erwiderung

Weißt du auch warum?
„Nein."

Bevor ich geboren wurde, standen du und ich im Himmel nebeneinander. Der Herr hat zu dir gesagt: Ich werde dir ein Handicap mitgeben, du wirst im Leben Mühe haben zu lernen. Darauf hab ich gesagt: Nein, gib mir das Handicap, lass ihn intelligent sein.

Weitere Situationen, auf die die Metapher passt

Immer wenn man Ihnen ein mentales oder körperliches Gebrechen vorwirft wie Hilfsschüler, Legastheniker, Krüppel ...

Der Lattenschütze

Aussage

Im Moment brauche ich eine Impfdosis Selbstvertrauen und Mut. Ich habe bei zwei Top-Girls hier viel zu lange gezögert, um sie anzusprechen. Und schließlich war ich nicht mehr locker. Es ist nichts draus geworden.

Metapher-Erwiderung

Nur weil Ronaldo mal einen Schuss an die Latte gesetzt hat, ist er noch lange kein schlechter Fußballer. Mach weiter, als ob es das gar nicht gegeben hätte. *Matthias Pöhm*

Kernaussasge der Metapher

Ein einziger Misserfolg ist kein Misserfolg auf der ganzen Linie.

Weitere Situationen, auf welche die Metapher passt

Wenn jemand, der gut ist in seinem Bereich, einen Misserfolg hat einstecken müssen.

Der Sprung vom Schwimmbad-Sprungturm

Aussage

Bei einem wichtigen psychologischen Entscheidungsgespräch sollte man sich genügend Zeit lassen.

Metapher-Erwiderung

Nein im Gegenteil. Stellen Sie sich einen Sprungturm im Schwimmbad vor. Wenn Sie dort hochklettern und unendlich viel Zeit haben, sich Ihren Ängsten hinzugeben, dann klettern Sie am Ende wieder die Leiter hinunter. Wenn andere aber nachdrängen und Ihnen nur eine begrenzte Zeit zur Verfügung steht, dann konzentrieren Sie sich schnell, nehmen genügend Anlauf und springen. Genauso ist es beim Entscheidungsgespräch. Würde man sich mit offenem Ende zusammensetzen, würden Sie gar nicht springen.

Kernaussage der Metapher

Eine schnelle Entscheidung ist eine gute Entscheidung.

Die Jahrhundertwende-Villa

Argument

Entscheiden Sie sich schnell. Die Entscheidung wird nicht besser, nur weil man sie lange vor sich herschiebt.

Metapher-Erwiderung

Nein, im Gegenteil! Stellen Sie sich vor, Sie wollen ein Haus kaufen. Man bietet Ihnen eine renovierte Jahrhundertwende-Villa an. Wenn Sie nicht den Fehler Ihres Lebens machen wollen, dann lassen Sie zunächst ein Gutachten über den echten Wert des Hauses erstellen, dann lassen Sie von einem unabhängigen Prüfer die Bausubstanz prüfen und anschließend von einem Rechtsanwalt den Verkaufsvertrag gegenlesen. Erst dann kaufen Sie. Und genauso sollte man es mit allen Entscheidungen machen. *Matthias Pöhm*

Kernaussage der Metapher

Eine langsame Entscheidung ist eine gute Entscheidung.

Die Wolken am Himmel

Angriff

Sie haben bereits vor der Bundestagswahl 2002 gewusst, dass die Wirtschaftsprognosen schlechter sind als dargestellt. *Vorwurf der Opposition 2002 an Finanzminister Hans Eichel*

Metapher-Erwiderung

Nur weil im Sommer ein paar Wölkchen am strahlend blauen Himmel sind, müssen Sie noch lange keine Prognose für eine Schlechtwetterperiode stellen. *Hans Eichel*

Kernaussage der Metapher

Aufgrund eines negativen Indizes muss man noch lange nicht die Gesamtstrategie ändern.

Die Leiche vor dem Friedhof

Angriff

Auch bei den Betrieben in der Ex-DDR erfolgten Umstrukturierungen und sie haben den Leuten wenigstens Arbeit gegeben.

Metapher-Erwiderung

In der DDR wurde die Leiche immer geschäftig vor dem Friedhof hin und her getragen – aus Angst, sie zu beerdigen. *Lothar Späth am 16.05.2002 bei Sandra Maischberger in NTV*

Der rote und der blaue Würfel

Aussage

Das Christentum ist die einzig wahre Religion. Ich habe eines Tages zu Jesus gebetet und plötzlich hatte ich ein spirituelles Erlebnis – ich habe so viel überwältigende Liebe und Nähe zu Gott gespürt. Alles um mich hat sich aufgelöst – ich war eins mit allem. Das ist doch das gewünschte Ergebnis von allen Religionen. Ich habe es selbst erlebt, deshalb KANN unsere Religion nur die einzig wahre sein.

Metapher-Erwiderung

Stellen Sie sich zwei große Steinwürfel vor, der eine aus rotem Marmor, der andere aus blauem Marmor. Sie stehen im Abstand von einem Meter voneinander entfernt. Jetzt stelle ich Ihnen die Aufgabe: Bringen Sie die beiden Würfel in einen Abstand von nur 50 cm. Nun kommt die erste Gruppe von Menschen auf den Gedanken, den blauen Würfel um 50 cm nach vorne zu verrücken. Sie messen nach – und tatsächlich, sie haben das gewünschte Ergebnis erreicht. Sie schreiben ein Buch darüber: Der einzig wahre Weg, um zum gewünschten Ergebnis zu kommen, ist gefunden: Man muss den blauen Würfel um 50 cm verrücken. Wir haben es selbst erlebt und bewiesen, dass das die Lösung des Problems ist. Eine andere Gruppe von Menschen verrückt den *roten* Stein um 50 cm. Sie messen nach und auch sie haben das gewünschte Ergebnis erreicht. Und auch diese Gruppe schreibt ein Buch mit dem Inhalt „Der einzig wahre Weg". Aber plötzlich erscheint eine dritte Gruppe, die den roten Stein um 2 cm und den blauen um 48 cm verrückt. Und auch diese kommt zum gewünschten Ergebnis. Die eine Gruppe nennt sich Christen, die andere Gruppe nennt sich Buddhisten, die nächste Gruppe nennt sich Moslems. Nur weil Sie mit christlichen Methoden auf ein spirituelles Erlebnis gestoßen sind, heißt das noch lange nicht, dass das Christentum die einzige und wahre Methode ist, um solche Ergebnisse zu haben. *Matthias Pöhm*

Kernaussage der Metapher

Die Tatsache, dass man mit einer Methode ein gewünschtes Ergebnis erzielt, beweist noch lange nicht, dass das die beste oder einzige Methode ist.

Die Musik im Radio

Angriff

Ich werde dich töten. Dann hat deine spirituelle Bewegung den Kopf verloren und sie wird eingehen.

Metapher-Erwiderung

Du darfst mich töten, aber du kannst mich in Wahrheit nicht umbringen. Stell dir einen Radioapparat vor, aus dem Musik tönt. Wenn du den Radioapparat zerstörst, dann hast du aber nicht die Musik zerstört. Der Radioapparat ist nur das Gerät, das die Musik hörbar macht. Die Musik steckt in den Radiowellen und die sind immer noch da, auch wenn du das Gerät zerstörst. Nimm mir ruhig das Gehäuse. Ich bin die Welle, die kannst du nicht zerstören.

Das Kirchenfenster

Aussage

Herrn Geiger geht es gut. Er hat eine schöne Frau, drei gesunde Kinder, er hat ein Unternehmen mit 120 Mitarbeitern, er ist reich, er ist gesund und in der Stadt ein sehr angesehener Mann.

Metapher-Erwiderung

Menschen sind wie Kirchenfenster. Wenn die Sonne scheint, strahlen sie in allen Farben. Aber wenn die Nacht kommt, kann nur ein Licht im Innern sie voll zur Geltung bringen. *Elisabeth Kübler-Ross*

Kernaussage der Metapher

Wenn es einem äußerlich gut geht, kann jeder strahlen, wahre Strahlen kommen nur, wenn man tief aus sich selber – auch ohne die Äußerlichkeiten – zufrieden ist

Der Bildhauer Michelangelo

Einwand

Werde nicht Architekt, es gibt schon so viele davon. Und alle rennen sie Aufträgen hinterher.

Metapher-Erwiderung

Es gab einmal einen 13-jährigen Jungen, der sagte seiner Mutter eines Tages: „Mutter, ich will Bildhauer werden.“ Die Mutter sagte zu ihm: „Sohn, bist du verrückt?! BILDHAUER? Es gibt schon so viele. Und alle sind froh, wenn sie einmal Aufträge bekommen. Mach das um Himmels willen nicht.“ Aber der Sohn blieb bei seinem Entschluss und wurde trotzdem Bildhauer. Sein Name war … Michelangelo.

In jedem Beruf gibt es meist schon genügend Leute, die diesen Beruf ausüben. Aber die, die einfach nur besser sind als der Rest, gehen immer ihren Weg, egal wie viele schon vorher da waren. *Matthias Pöhm*

Kernaussage der Metapher

Egal welchen Beruf man wählt, man muss nur GUT sein, dann wird man immer erfolgreich sein, auch wenn es schon viele andere davon gibt.

Diese Metapher ist immer anwendbar, wenn jemand sagt: Wähle nicht diesen Beruf, es gibt zu viele davon.

Weitere Einwände, auf welche die Metapher passt

- Ich würde an deiner Stelle keine neue Videothek aufmachen. Es gibt in unserer Stadt schon so viele.
- Medizin würde ich nicht studieren. Wir haben im Moment eine Medizinerschwemme.
- Um Himmels Willen, warum willst du denn eine Autowerkstatt eröffnen? Von denen, die es gibt, kämpfen die meisten ums Überleben.

Das ungelegte Ei

Aussage

Meine Aktien steigen bestimmt. Die Firma, von der ich die Aktien besitze, hat neue Leute eingestellt. Ich freue mich so!

Metapher-Erwiderung

Eins habe ich gelernt vom Leben: Schreie erst dann Hurra, wenn das Huhn das Ei gelegt hat, und nicht, wenn es nur gegackert hat.

Kernaussage der Metapher

Es ist klug, sich erst dann zu freuen, wenn ein definitives Ergebnis vorliegt, nicht schon, wenn gute Signale kommen.

Weitere Aussage, auf welche die Metapher passt

- Klasse! Ich suche einen Job und ich habe heut zufällig eine Firma aus dem Branchenbuch blind angerufen und die sagten prompt: Gut, dass Sie anrufen, wir suchen grad jemand.
- Ein Interessent hat angerufen und gefragt, ob ich auch Inhouse-Seminare mache. Jetzt geht's aufwärts mit meiner Unternehmensberatung.
- Der Rechtsanwalt sagt, mit dem Schreiben, das wir da gefunden haben, sind die Chancen gut, den Prozess zu gewinnen. (Vgl. Das Soufflé im Ofen)

Die gewogene Sau

Einwand

Wir haben bei der PISA-Studie schlecht abgeschnitten. Das passiert uns aber nicht mehr. Denn jetzt werden in den Schulen viel mehr Tests abgehalten.

Metapher-Erwiderung

In Bayern gibt es eine Bauernregel, die sagt: Eine Sau wird nicht durch Wiegen fett, sondern durch Füttern.

Sie können aber auch auf diese Metapher wiederum antworten:

Die Waage zum Säuewiegen

Einwand

Wir brauchen keinen Controller. Es gibt eine Bauernregel in Bayern, die sagt: Eine Sau wird nicht durch Wiegen fett, sondern durch Füttern.

Metapher-Erwiderung

Wenn aber mehr Säue gezüchtet werden, als gegessen werden können, wird derjenige seine Schweine am vorteilhaftesten verkaufen und damit seinen Hof erhalten können, der diese zum genau richtigen Zeitpunkt schlachtet. Das Werkzeug zum Feststellen des optimalen Schlachtzeitpunktes ist: die Waage.

Der General im Krieg

Einwand

Die von Ihnen entwickelte Software ist nicht richtig dokumentiert.

Metapher-Erwiderung

Stellen Sie sich vor, Sie wären General im Krieg. Sie wissen, am nächsten Morgen wird ein großer Angriff gefahren. Wie in den letzten Wochen auch werden wieder einige Ihrer Männer sterben. Sie können in der Nacht nicht schlafen und bleiben wach. Plötzlich klopft es an Ihrer Baracke und ein Soldat kommt herein. Er sagt: „Ich möchte mich beschweren!" Sie fragen: „Was ist?" Er sagt: „Es gibt eine Vorschrift bei uns im Militär: Die Farbe der Schnürsenkel muss dieselbe Farbe haben wie die Farbe der Schuhe!

Meine Schuhe sind grau, aber die Farbe der Schnürsenkel ist olivgrün!" (*Pause*)

So empfinde ich die Situation hier. Mein Programm wurde in ultrakurzer Zeit entwickelt, wir haben die Konventionalstrafe vermieden, es funktioniert in allen Anforderungen, der Kunde ist zufrieden! Und wir unterhalten uns gerade über die Farbe der Schnürsenkel, wo eigentlich doch Kriege zu gewinnen wären. *Matthias Pöhm*

Kernaussage der Metapher

Bei jedem großen Projekt tauchen kleinere Problemchen auf. Wir reden über unwichtige Details, dabei müssen wir unsere Energie auf das höhere Ziel richten.

Weitere Einwände, auf welche die Metapher passt

- Mein Geburtstag ist dir nicht wichtig. Du hast an deinem PC gearbeitet und warst gar nicht feierlich angezogen, als ich zu dir gekommen bin. Erst danach hast du dir was Schickes angezogen.
- Herr Marketingleiter, um Nummer 1 im Markt zu werden, ist es wichtig, dass wir den Prospekt haargenau in denselben Farben halten wie unser Firmenlogo. Darüber sollten wir mal ein Meeting machen.
- Wir machen diesmal eine Party mit 50 eingeladenen Gästen. Damit das eine gelungene Feier wird, müssen wir vorher die Blumen im Garten vom Unkraut befreien.

Das Bago-Spiel

Einwand

Ich habe mich zwar mit dir getroffen, aber ich wollte eigentlich nur flirten, denn ich habe einen Freund. Das habe ich dir zwar nicht gesagt, aber Flirten ist doch auch schön! Wir können uns gern wieder treffen. *Eine Frau zu einem Mann*

Metapher-Erwiderung

Es gab einmal in grauer Vorzeit auf der Erde zwei Völker aus der Fabelwelt. Die einen Wesen hießen Fredies und die anderen hießen Maltus. Die Maltus lebten an Land und die Fredies lebten in den warmen Gewässern. Beide hatten eine gemeinsame Leidenschaft: Sie spielten zusammen ein Spiel namens Bago. Fredies wie Maltus gingen diesem Spiel mit Leidenschaft nach. Das Spiel ging so: Ein Maltu tanzte so lange oben am Uferrand zu Schalmeienklängen, bis es ihm gelang, ein Fredie unter Wasser so sehr anzustecken, dass er mit dem Maltu synchron tanzte. War es ihm gelungen, so bekam der Maltu eine Belohnung: Er erhielt vom Fredie einen leckeren Fisch. Gelang es ihm aber nicht, weil sein Tanz nicht anregend genug war, dann bekam das Wasserwesen etwas, das nur Maltus besaßen: ein Stück Gemüse.

Es gab noch ein zweites Spiel. Dieses Spiel hieß Trilf und war identisch mit dem ersten Spiel – bis auf ein wichtiges Detail. Es ging um nichts. Egal, wer gewonnen hatte, es gab nach dem Tanz keine Belohnung in Form von Fisch oder Gemüse. Es stand nichts auf dem Spiel. Die Maltus vollführten am Uferrand den Tanz genauso wie beim Bago, die

Fredies im Wasser gingen genauso darauf ein, aber danach ging man einfach wieder seines Weges. Die Spielregeln für beide waren gegeben und beide spielten das Spiel mit gleicher Leidenschaft. Die Maltus aber spielten lieber mit echtem Spieleinsatz, während die Fredies viel lieber ohne Spieleinsatz spielten. Viele Maltus gingen gar nicht mehr zum Spielen, wenn es nur um Trilf ging. Ihnen war die Zeit zu schade, sie machten lieber etwas für sie Wichtigeres.

Mit der Zeit gab es nun immer mehr Wasserfredies, die – um ihrer Spielleidenschaft zu frönen – die Maltus im Glauben ließen, dass sie Bago anstatt Trilf spielten. Sie ließen die Maltus ihren Tanz so lange vollführen, bis ein Fredie synchron mittanzte. Aber dann ließen sie die Maltus einfach stehen – ohne die erwartete Belohnung. Ein Maltu spielte und tanzte, gab alles, verführte einen Fredie zum Mittanzen ... und bekam nichts zurück. Wenn er wusste, dass nur Trilf gespielt wurde, ging auch der Maltu fröhlich nach Hause. Aber jedes Mal, wenn er Bago spielen wollte und einen Fredie zum Mitspielen fand, danach aber merkte, dass er nur zum Trilfspielen missbraucht wurde, ging er traurig nach Hause.

Heidi, du kannst ja gern Trilf spielen – aber such dir dafür keinen Mitspieler aus, der Bago spielen will. *Matthias Pöhm*

Situationen, in denen diese Metapher angebracht ist

Immer dann, wenn Frauen sich nur zum Flirten treffen wollen, Männer aber dazu keine Lust haben.

Der Bau der Kathedrale

Einwand

Unterlagen ablegen macht keinen Spaß. Das finde ich langweilig.

Metapher-Erwiderung

Ein Kaufmann in alter Zeit lief an einer Baustelle vorbei, wo er einen Mann bei der Arbeit beobachtete. Der Arbeiter haute mürrisch und missgelaunt auf einen Stein ein. Er fragte ihn: „Warum bist du so schlecht gelaunt?“ Der Arbeiter antwortete: „Die Arbeit macht keinen Spaß, ich muss den ganzen Tag Steine klopfen.“ Der Kaufmann lief weiter und entdeckte plötzlich an derselben Baustelle einen anderen Arbeiter, der fröhlich singend und mit großem Elan ebenfalls Steine klopfte. Er fragte ihn: „Du musst den ganzen Tag Steine klopfen. Was ist der Grund für deine gute Laune?“ Der Arbeiter lächelte ihn an und sagte: „Weißt du, der Stein, den ich hier bearbeite, wird irgendwann an diesem Gebäude sein.“ Und er deutete mit der Hand auf eine im Bau befindliche Kathedrale.

Schauen Sie, genauso ist es mit dem Ablegen der Unterlagen. Ob Sie Freude am Ablegen empfinden, hängt nicht davon ab, was Sie tun, sondern nur, ob Sie ein übergeordnetes Ziel dahinter sehen können.

Kernaussage der Metapher

Ob man Freude an einer Arbeit empfinden, hängt nicht von der Art der Arbeit ab, sondern nur, ob man ein übergeordnetes Ziel dahinter sieht. Entweder macht man das, was man machen muss, mit Freude oder man fühlt sich als Teil einer Gemeinschaft, eines größeren Ganzen.

Die Zwillinge

Argument

Bei uns zu Hause hat es nicht gereicht für eine ordentliche Ausbildung. Ich hatte nicht die gleichen Chancen wie du. Deshalb ist aus mir nichts geworden

Metapher-Erwiderung

Zwei eineiige Zwillinge sind bei einem alkoholkranken, arbeitslosen Vater groß geworden, der sie als Kinder immer geschlagen hat. Der Vater kam eines Tages ins Gefängnis und die Zwillinge wurden dann von der Mutter allein großgezogen. Aus dem einen Zwilling wurde ein depressiver Fürsorgeempfänger, aber aus dem anderen wurde ein erfolgreicher, zufriedener Geschäftsmann. Man fragte eines Tages beide, worauf sie ihre jetzigen Lebensumstände zurückführten. Beide gaben dieselbe Antwort: „Klar, bei so einem Vater!“

Das Leben im Jenseits

Argument

Ich werde Lehrer, da hab ich immer so viel Freizeit.

Metapher-Erwiderung

Eines Tages starb ein Mann und er ging in das Jenseits ein. Als er drüben war, kam eine Gestalt in einem weißen Gewand auf ihn zu und sagte: „Du bist hier in einem Reich gelandet, da kannst du dir wünschen, was immer du auch an Vergnügen begehrst." Der Mann sagte: „Oh, ich bin begeistert. Bring mir das Meer und Palmen und einen schönen Strand, bring mir viel Musik, bring mir Partys und fremde Länder, bring mir beste Speisen und schöne Frauen, bring mir spannende Filme und einen Vergnügungspark." Das Wesen schnipste mit dem Finger – und alles, was der Mann wünschte, war sofort geschehen. Nach einigen Monaten kam die Gestalt im weißen Gewand wieder und fragte, was er denn jetzt wünsche. Der Mann sagte: „Ich bin all dieser Dinge überdrüssig geworden. Ich will etwas Sinnvolles tun, sonst wird mir das hier zur Hölle." Die Gestalt im weißen Gewand antwortete: „Was denkst du, wo du hier gelandet bist?"

Kernaussage der Metapher

Genauso ist es mit dem Lehrerberuf. Wenn man ihn nur deshalb wählt, weil man viel Freizeit hat, aber ansonsten keine sinnvolle Tätigkeit darin sieht, dann hat man die Hölle gewählt

Weitere Argumente, auf welche die Metapher passt

- Jedes Mal, wenn jemand nur sein Freizeitvergnügen als erstrebenswertes Ziel ansieht.
- Wenn ich mal viel Geld habe, dann höre ich auf zu arbeiten und mach mir ein schönes Leben.
- Wenn ich so viel Geld hätte wie Bill Gates, würde ich nur noch segeln und meinen Hobbys nachgehen.

Die Matrix

Aussage

Therese Neumann aus Nordbayern wurde durch einen Unfall blind und gelähmt. Im Jahr 1923 erfuhr sie durch ihre Gebete zur Heiligen Therese von Liseux auf wundersame Weise Heilung. Seit jener Zeit nahm sie bis auf eine kleine Hostie weder Nahrung noch Getränke zu sich. Wer an Jesus Christus glaubt, dem passieren solche Wunder.

Metapher-Erwiderung

Die Menschen sind wie eine unendliche Matrix. Alle Menschen, die jetzt leben, die je gelebt haben und die jemals leben werden, sind ein Punkt auf dieser unendlichen Matrix. Auf dieser Matrix gibt es immer wieder – unregelmäßig verteilt – Leuchtpunkte von Menschen, die Außergewöhnliches vollbringen. Einer heilt durch Handauflegen einen Gelähmten, einer kann die Zukunft voraussehen, einer kann mit Toten kommunizieren, einer kann dem Wetter befehlen, einer bekommt von Tieren Antworten, einer opfert sein Leben für einen anderen, einer kann über Jahre ohne Nahrung leben ...

Jetzt kommt die Religion, zieht willkürlich einen kleinen Kreis auf dieser Matrix und sagt: Diese leuchtenden Menschen innerhalb dieses Kreises sind alle von unserem Glauben. Seht ihr nicht, dass unser Glaube der wahre Glaube ist? Aber es gibt Abermillionen von Leuchtpunkten außerhalb dieses Kreises. Man muss weder an Christus glauben noch irgendeiner anderen Religion angehören, um etwas Besonderes zu schaffen – um ein Leuchtpunkt zu sein. *Matthias Pöhm*

Weitere Aussagen, auf welche die Metapher passt

- Wenn jemand sagt: Einer aus meinem Glauben hat Wundersames erlebt oder bewirkt – deswegen ist dieser Glaube der richtige.
- Franz von Assisi konnte mit Tieren reden, er war Christ.
- Ich habe 7.777-mal zu Allah gebetet mit immer demselben Anliegen und Allah hat es erhört: Es war ein Wunder.
- Wir haben einen fünftägigen buddhistischen Kurs gemacht, genannt Phowa, in dem wir das Sterben geübt haben. Wir haben immer und immer wieder den Körper durch den Schädel verlassen und sind wieder hineingegangen. Am Ende der fünf Tage hatten die Teilnehmer sichtbare kleine Löcher im Schädel.

Das Mäntelchen

Einwand

Ich gebe keine Runde aus, du hast auch noch keine ausgegeben!

Metapher-Erwiderung

In einem kühlfeuchten Gebiet auf unserer Erde lebten einst kleine gnomartige Fabelwesen. Diese Fabelwesen schützten sich mit einem Mäntelchen vor der Kälte. Unter den Gnomen war es Tradition, die Mäntelchen immer sofort zu verschenken, sobald ein Gnom auf einen anderen stieß, der selbst kein Mäntelchen hatte. Kam ein Gnom ohne Mäntelchen des Wegs, bot ein anderer ihm sofort sein Mäntelchen als Geschenk an. Wenn zwei Gnomen mit

Mäntelchen einem Gnom ohne Mäntelchen begegneten, dann entbrannte immer ein Streit, wer derjenige sein durfte, der den anderen mit seinem Mäntelchen beglücken konnte. Auf diese Weise ging zwar immer ein Gnom ein kurzes Stück des Weges ohne Mäntelchen, aber er konnte sicher sein, der nächste Gnom würde auch ihm wieder ein Mäntelchen schenken. So herrschte ein Zustand, in dem ein Gnom niemals länger frieren musste. Alle waren glücklich und zufrieden.

Eines Tages kam ein Fremder in die Gnomen-Welt. Er beobachtete das Treiben der Gnomen und sprach er zu einem Gnom: „Was passiert, wenn du einmal kein Mäntelchen geschenkt bekommst? Dann hast du deines hergegeben und vielleicht bekommst du keines mehr zurück? Besser ist, du behältst dein Mäntelchen, dann hast du die Sicherheit, immer eines für dich zu haben." Der Gnom hörte das, wurde unsicher und beschloss, sein Mäntelchen ab sofort nicht mehr zu verschenken. Bei der nächsten Begegnung lief er einfach am anderen frierenden Gnom vorbei. Dieser Gnom war sehr verwundert und wurde unsicher, ob ihm das möglicherweise noch einmal passieren könnte, und er beschloss beim nächsten Mal, das geschenkte Mäntelchen auch für sich zu behalten. Andere Gnomen beobachteten dies und auch sie hielten aus Angst, frieren zu müssen, ihr Mäntelchen zurück. So zog die neue Sitte immer weitere Kreise und eines Tages begannen einige sogar, die ihnen geschenkten Mäntelchen zu horten. So wurden Monat um Monat immer mehr Gnomen angesteckt, bis eines Tages niemand mehr sein Mäntelchen verschenkte. Jetzt musste man verhandeln, diskutieren oder sogar Druck ausüben, um wieder in den Besitz eines Mäntelchens zu kommen, und so fror der größte Teil der Gnomen-Bevölkerung, obwohl doch einst für alle genügend Mäntelchen da gewesen waren.

Schau, so ist es auch hier mit der Runde: Wenn jeder sich immer nur darum streiten würde, wer heute schenken darf, anstatt sich zu streiten, wer heute schenken muss, dann würde jeder unterm Strich genauso oft bezahlen wie jetzt, nur mit viel mehr Zufriedenheit und weniger frostigen Gefühlen.

Kernaussage der Metapher

Wenn alle von irgendwas etwas (ab)geben, dann geht's unterm Strich allen besser, als wenn jeder versucht, es für sich zu behalten.

Weitere Einwände, auf welche die Metapher passt

- Sie waren an diesem Unfall schuld, ich habe alles richtig gemacht.
- Ich gratuliere dem nicht zum Geburtstag, der hat mir auch noch nie gratuliert.
- Die Nachtschicht will ich nicht machen, der Heinz wäre heute dran.

Der Sechser beim Würfeln

Aussage

Ich habe gestern einen Kunden angerufen, aber er hat nicht gekauft.

Metapher-Erwiderung

Stellen Sie sich bitte einmal Folgendes vor: Sie halten einen Würfel in der Hand und wollen eine Sechs würfeln. Wenn Sie nur einmal würfeln, dann ist die

Chance, eine Sechs zu bekommen sehr klein. Je häufiger Sie würfeln, desto höher ist die Wahrscheinlichkeit, dass Sie auch eine Sechs oder mehrere Sechsen bekommen. Genauso verhält es sich bei den Kontakten. Je öfter Sie würfeln, je öfter Sie Kontakte machen, desto öfter werden Sie auch eine Sechs würfeln. Genauso ist es hier beim Telefonieren. „Mehr Kontakte, mehr Kontrakte", so lautet die Regel.

Kernaussage der Metapher

Man muss eine Methode nicht nur einmal, sondern möglichst häufig anwenden, damit sich im statistischen Mittel ein Erfolg einstellt.

Weitere Aussagen, auf welche die Metapher passt

- Beim Verkaufsgespräch habe ich ein einziges Mal die Abschlussfrage gestellt. Aber es hat nicht funktioniert.
- Ich habe jetzt zwei Mädchen angesprochen, aber keine hat mir ihre Telefonnummer geben wollen.
- Ich wollte die Frau küssen, aber sie hat sich weggedreht.

Auf die obige Aussage können Sie auch mit folgendem Bild reagieren:

Der Schuss auf das Tor

Das ist dasselbe wie beim Fußball. Wenn Sie ein Spiel gewinnen wollen, dürfen Sie nicht nur einmal auf das Tor schießen, sondern Sie haben nur dann eine Chance, hoch zu gewinnen, wenn Sie möglichst häufig auf das Tor schießen.

Genauso ist es hier beim Telefonieren. Je häufiger Sie telefonieren, desto höher ist die Chance, dass Sie einen Treffer erzielen.

Der Wimbledon-Rasen

Einwand

Ich habe vor zwei Wochen angefangen zu meditieren, aber irgendwie bringt das nichts.

Metapher-Erwiderung

Ein Amerikaner war zu Besuch in Wimbledon und bewunderte den kurzen, gepflegten, weichen Rasen. Er fragte den zuständigen Gärtner, wie er solch einen schönen Rasen hinbekommen habe. Der Gärtner antwortete ihm: „Regelmäßig schneiden, regelmäßig düngen und regelmäßig walzen, das ist alles." Der Amerikaner kam drei Jahre später wieder nach Wimbledon und sagte: „Ich habe es genauso gemacht, wie Sie mir gesagt haben, aber mein Rasen ist trotzdem nicht so schön wie Ihrer." Der Gärtner antwortete: „Ich habe Ihnen vergessen zu sagen, dass Sie dies 100 Jahre lang machen müssen."

Kernaussage der Metapher

Ein gutes Ergebnis erzielen Sie nur dann, wenn Sie über lange Zeit regelmäßig Energie in das Projekt stecken.

Weitere Einwände, auf welche die Metapher passt

- Ich habe einen Salsa-Kurs belegt, aber nach drei Kursabenden habe ich gemerkt, dass ich kein Talent für habe.
- Ich gehe schon seit Monaten ins Fitnessstudio, aber mein Bauch ist immer noch nicht weg und Muskeln habe ich auch noch wenig.
- Jetzt gehe ich doch schon ein halbes Jahr in diesen Französischkurs und kürzlich wollte ich mich mit einem Touristen unterhalten. Ich sag dir, da lief gar nichts. Der Kurs bringts nicht.

Der Wildhüter in Kanada

Ausage

Wie ich meine Finanzen gewinnbringend anlege, darum kümmere ich mich schon selber. Dazu brauche ich keinen Finanzfachmann.

Metapher-Erwiderung

Stellen Sie sich vor, Sie wollen nach Kanada auswandern – in die einsamste Wildnis des Nordens. Dort sollen Sie als Wildhüter ein Wildreservat übernehmen. Der jetzige Wildhüter ist der alte Sam, der seit 50 Jahren in dem Gebiet lebt. Jetzt tun Sie gut daran, mit Sam ein paar Wochen zusammen in seinem Reservat umherzugehen und sich einiges zeigen zu lassen: die Wasserstellen, die Futterplätze der Bären, die Pilzvorkommen im Wald, die gefährlichen Schneebretter im Winter, die Höhlen, die Brutstätten der Gänse, die Wasserschnellen im Fluss ... Da sind 50 Jahre Erfahrung, die Sie in zwei Wochen mitbekommen. Das müssen Sie nicht alles selbst herausfin-

den, sondern es nützt ihnen, sich es zeigen zu lassen.
Bodo Schäfer

Kernaussage der Metapher

Es ist besser, sich von einem Erfahrenen eine Sache beibringen zu lassen.

Oder: Das Erlernen einer Fähigkeit geht mit einem erfahrenen Lehrer wesentlich schneller.

Weitere Aussage, auf welche die Metapher passt

- Wie man Frauen erobert, dass muss jeder Junge irgendwann selbst herausfinden.
- Gib dem Kind keine Ratschläge, wie man laufen lernt. Es muss ein paar Mal hinfallen, dann lernt es schon selber.
- Die Lebensschule kann man nicht durch ein Seminar ersetzen. Wir müssen alle Fehler selber machen, sonst lernen wir nichts.

Das Jonglieren lernen

Einwand

Ich brauche keinen Lehrer für Rhetorik, das kann ich mir selber beibringen.

Metapher-Erwiderung

Man hat ein Experiment gemacht: Einer Gruppe von Leuten hat man das Jonglieren mit Bällen beibringen wollen. So hat man eine Gruppe gebildet und diese Leute alles ganz allein autodidaktisch lernen lassen – durch Versuch und Irrtum. Diese Leute brauchten durchschnittlich vier Tage, um es zu lernen. Dann hat man eine Kontrollgruppe zusammengestellt, und hat diese das Ganze mit Anleitung lernen lassen. Diese Gruppe brauchte durchschnittlich 90 Minuten. *Matthias Pöhm*

Kernaussage der Metapher

Mit einem erfahrenen Lehrer lernt der Mensch wesentlich schneller und effektiver.

Das Excel-Fadenkreuz

Aussage

Bringen Sie unserem Team Führungsqualitäten bei. Ich denke, ein Tagesseminar sollte reichen.

Metapher-Erwiderung

Es gibt zwei Arten zu lernen. Die eine funktioniert wie Excel. Nehmen wir an, bevor Sie Excel kennengelernt haben, hätte ich Ihnen die Aufgabe gegeben, Felder von 1 bis 5.000 von oben nach unten durchzunummerieren. Jetzt hätten Sie per Hand in jedes Feld die Ziffern reingeschrieben: Zuerst 1, dann 2, 3,4,5,6 ... – und nach circa drei Stunden wären Sie fertig gewesen. Dann zeige ich Ihnen den Trick mit dem Fadenkreuz, mit dem Sie dasselbe Ergebnis in fünf Sekunden erreichen. Das ist Lernen auf Anhieb. Ihnen fehlt einfach nur das Wissen, jemand zeigt es Ihnen und Sie beherrschen es sofort.

Dann gibt es aber die zweite Art zu lernen. Die ist wie beim Klavierspielen: Man kann es Ihnen zeigen, aber Sie müssen es erst lange üben, bevor Sie es selbst beherrschen. So ist es auch bei einem Führungsseminar. Fünf Prozent erreichen Sie wie beim Excel-Fadenkreuz: Das beherrschen Sie, sobald Sie es erfahren. Aber 95 Prozent ist wie Klavierspielenlernen. Das braucht Übung! Wir sollten ein Drei-Tages-Seminar machen, wenn Sie möchten, dass Ihre Führungskräfte danach Klavier spielen können. *Matthias Pöhm*

Die Möbel auf der Durchreise

Aussage

Irgenwann im Leben muss man sich doch ein schönes Haus leisten.

Metapher-Erwiderung

Ein amerikanischer Tourist besuchte einst einen berühmten Rabbiner in Warschau. Als er zu ihm nach Hause kam, war er erstaunt, dass der Rabbi nur in einer kleinen, spärlich eingerichteten Wohnung hauste – mit nichts als Büchern, einem Bett und einem Tisch. Er fragte ihn: „Rabbi, wo sind alle deine Möbel?" Der Rabbi antwortete: „Wo sind denn deine Möbel?" – „Meine? Aber ich bin doch nur auf der Durchreise, da brauche ich keine Möbel", sagte der Tourist. Der Rabbi antwortete: „Genau wie ich!"

Kernaussage der Metapher

Jeder Besitz ist nur eine Täuschung, er wird einem genommen werden.

Weitere Aussage, auf welche die Metapher passt

- Ich brauche unbedingt eine sichere Geldanlage für mein Alter.

- Morgen werde ich dir einen zweiten Wintermantel kaufen, das kannst du dir ja mal gönnen.
- Mein Nachbar hat ein Boot, ich werde mir auch eines zulegen.

Der Drehknopf beim Radioempfang

Einwand

Ich habe mit meinem Arbeitskollegen geredet, damit er das Verhalten ändert, das mich stört. Ich habe dabei Ihre empfohlene Technik angewandt, aber das hat überhaupt nicht geklappt.

Metapher-Erwiderung

Ich kann leider nicht beurteilen, WIE Sie meine Technik angewandt haben, es muss bis ins Detail alles beachtet werden, dann klappt es. Wenn Sie die kleinste Abweichung haben, ist schon das ganze System infrage gestellt. Stellen Sie sich vor, Sie gehen in ein Geschäft und kaufen dort den teuersten und besten Radioempfänger, den es gibt. Sie nehmen ihn mit nach Hause, schalten ihn ein, aber Sie hören nichts als Rauschen. Sie rufen das Geschäft an und beschweren sich. Der Verkäufer fragt: „Haben Sie mal an dem Frequenzrad gedreht?" Sie antworten: „Nein, wieso?" Der Verkäufer: „Ja, da gibt es ein Sende-Empfangs-Rad. Wenn das nur einen Millimeter neben der richtigen Frequenz liegt, haben Sie schon fast keinen Empfang mehr. Und eine minimale Änderung – einen Millimeter weiter nach rechts oder links – und schon haben Sie den brillantesten Empfang."

Und genauso ist es mit dieser Technik. Das beste Instrument nützt nichts, wenn Sie es nur „ungefähr"

anwenden. Da ist ein „Aber“ im Satz, da sitzt eine Betonung falsch, da ist Ihnen ein behördendeutsches Wort reingerutscht ... und schon haben Sie keinen Empfang, schon klappt das Instrument nicht mehr. Wenn Sie aber die Technik absolut bis ins Detail anwenden, dann klappt es. Es ungefähr richtig zu machen reicht nicht. Nein, man muss es HAARGENAU richtig machen – dann hat man brillanten Empfang.
Matthias Pöhm

Kernaussage der Metapher

Wenn Sie die kleinste Abweichung zulassen, ist schon das ganze System infrage gestellt, nur haargenaue Anwendung bringt das brillante Ergebnis.

Oder: Ein System, das scheinbar nicht klappt, bringt man durch Fein-Tuning aller Parameter trotzdem zum Erfolg.

Weitere Einwände, auf welche die Metapher passt

- Ihre Verkaufstipps klappen nicht, ich habe sie angewandt und trotzdem nichts verkauft.
- Mit Hörbüchern lässt sich kein Geschäft machen. Wir haben das versucht, aber es hat sich finanziell nicht gelohnt.
- Die LCD-Steuerung ist technisch nicht machbar. Wir haben das versucht, aber ohne Ergebnis.
- Ich habe Ihr Rezept nachgekocht, aber die Leute haben das Essen nicht gemocht.
- Sie können im Supermarkt keine zehn Meter lange Fleischauslage einrichten. Das sieht zwar gut aus, aber es wird nicht genug verkauft und am Abend ist dann zu viel Fleisch verdorben.
- Sie können auf solche Einwände auch mit dem Spaghetti-Rezept antworten:

Das Spaghetti-Rezept

Stellen Sie sich vor, Sie sind bei jemandem eingeladen und er kocht Ihnen ein so leckeres Spaghetti-Gericht, dass Ihnen vor Wohlgenuss die Augenlider zufallen. Sie bitten den Gastgeber, Ihnen das Rezept zu geben. Er schreibt es Ihnen auf und am nächsten Wochenende laden Sie Freunde zum Spaghettiessen ein. Statt des vorgeschriebenen frischen Basilikums nehmen Sie aber getrocknetes Basilikum, statt des vorgeschriebenen Pürees aus frischen Tomaten nehmen Sie Ketchup. Die Freunde essen Ihre Spaghetti, aber keiner ist begeistert.

Und genauso ist es mit dieser Technik. Ich kann leider nicht beurteilen, WIE Sie meine Technik angewandt haben, aber es muss bis ins Detail alles beachtet werden, dann klappt es. Das beste Rezept nützt nichts, wenn Sie es nur „ungefähr“ anwenden. Da ist ein „Aber“ im Satz, da ist eine Betonung falsch, da ist ein behördendeutsches Wort reingerutscht ... und schon klappt das Rezept nicht mehr. Wenn Sie aber die Technik absolut bis ins Detail anwenden, dann bekommen Sie auch das identische Ergebnis. Es UNGEFÄHR richtig zu machen reicht nicht, nein man muss es HAARGENAU richtig machen – dann hat man denselben Erfolg. *Matthias Pöhm*

Die Telefonnummer

Aussage

Die Frauen fühlen sich dann zu dir hingezogen, wenn du mehr positive als negative Eigenschaften hast.

Metapher-Erwiderung

Wenn Sie ein Telefon nehmen und dort eine 10-stellige Nummer wählen und jede der gewählten Ziffern ist korrekt, bekommen Sie die gewünschte Person ans Telefon. Wenn Sie nur eine Nummer falsch wählen, dann kommt die falsche Person ans Telefon. Sie haben nicht den gewünschten Ausgang. Es nützt nichts, mit vermehrtem Aufwand dieselbe Nummer immer wieder neu zu wählen. Sie werden immer wieder dasselbe Ergebnis bekommen.

So ist es auch mit den Frauen. Nur wenn Sie ALLE richtigen Tasten drücken, dann haben Sie Zugang zu ihnen. Wenn Sie aber eine falsche Taste drücken, dann bekommen Sie keinen Empfang. Es nützt nichts, mit vermehrtem Aufwand dieselben Tasten immer wieder neu zu drücken.

Kernaussage der Metapher

Wenn Sie sich die kleinste Abweichung leisten, ist schon das ganze System infrage gestellt, nur haargenaue Anwendung bringt das brillante Ergebnis.

Oder: Ein System das scheinbar nicht klappt, bringt man durch Fein-Tuning aller Parameter trotzdem zum Erfolg.

Die Erde als Mittelpunkt unseres Sonnensystems

Einwand

Die Vogelfeder-Phobie meiner Patientin konnte ich bisher nicht heilen. Es ließ sich in der Kindheit keine zwingende Erklärung finden. Aber eine Erklärung in ihrem vergangenen Leben zu suchen ist lächerlich, weil es so etwas wie Wiedergeburt ja gar nicht gibt.

Metapher-Erwiderung

Wissen Sie, alle Bewegung im Raum ist relativ. Wenn ein Komet am Mond vorbeifliegt, sieht das für einen, der auf dem Mond steht, so aus, als ob der Mond steht und der Komet sich bewegt. Für jemanden, der auf dem Kometen steht, sieht es aber so aus, als steht der Komet still und der Mond bewegt sich vorbei. Die Physik kann beides beschreiben! – Sie können jetzt zum Beispiel die Bewegung der Erde um die Sonne auch geometrisch so beschreiben, dass die Erde der Fixpunkt ist und die Sonne sich relativ dazu bewegt. Das ergibt eine ziemlich wirre, in sich mehrfach verschlungene Kurve, aber es ist nicht „falsch"... Wenn man jetzt aber den Fixpunkt Sonne als gegeben betrachtet, ergibt sich eine viel einfachere, logischere kreisförmige Kurve und alle astronomischen Phänomene lassen sich viel leichter erklären.

Genauso ist es mit der Wiedergeburt. Sie müssen nicht an die Wiedergeburt glauben, um beobachtbare Phänomene zu erklären. Ohne Wiedergeburt-Glauben wird es einfach nur komplizierter, aber es ist nicht „falsch". Wenn man nun aber die Wiedergeburt als gegeben betrachtet, ergibt sich ein viel einfacheres, logischeres Bild und etliche psychologische Hemmnisse lassen sich perfekt erklären. Psychotherapeuten, die mit dem Glauben an die Wiedergeburt arbeiten, haben damit schnellere, bessere Ergebnisse. Diese Vogelfeder-Phobie hat höchstwahrscheinlich ihre Ursache in einem anderen Leben. *Matthias Pöhm*

Kernaussage der Metapher

Wenn man paranormale Phänomene als gegeben betrachtet, erhält man eine einfachere, logischere Erklärung.

Weitere Einwände, auf welche die Metapher passt

- Der Patient hat Krebs. Wir müssen bestrahlen, die Krankheit hat sicher nichts mit seinen familiären Verhältnissen zu tun.
- Mein Hund geht zwar immer zur Tür, wenn ich nur dran DENKE, Gassi zu gehen. Aber das ist Zufall, weil es zwischen Mensch und Hund Telepathie nicht gibt.

Der neue Kutscher

Einwand

Ich als Finanzberater habe mein Bestes gegeben.

Metapher-Erwiderung

Ich habe Sie als Kutscher auf meine Kutsche geholt, um schneller voranzukommen. Aber Sie haben meine Kutsche komplett in den Schlamm gefahren. *Matthias Pöhm*

Der einzige Träumer bei den Eingeborenen

Einwand

Die telepathischen Antworten Ihres Hundes beruhen doch nur auf Ihrer Einbildung. Beweisen Sie mir, dass so etwas möglich ist.

Metapher-Erwiderung

Stellen Sie sich vor, Sie lebten in einem Eingeborenenstamm in Südamerika. Die Besonderheit bei diesem Eingeborenenstamm ist, dass keiner von ihnen je Träume hat. Jeder dieser Menschen schläft immer völlig traumlos. Sie sind der Einzige, der träumt, aber keiner weiß davon. Eines Tages nehmen Sie Ihren Mut zusammen, gehen zum Ältesten und erzählen ihm, was Sie nachts immer erleben. Er hört zu und lacht Sie schallend aus. Er sagt: Beweise mir, dass es das gibt. *Matthias Pöhm*

Kernaussage der Metapher

Ein transzendentales Erlebnis kann genauso wenig bewiesen werden wie der Traum eines Träumers.

Weitere Einwände, auf welche die Metapher passt

- Wenn dir dein verstorbener Vater erschienen sein soll, beweis es mir.
- Zu dir haben Engel gesprochen?? Das war doch nur Einbildung!
- Du willst also Elfen gesehen haben? Das war Einbildung!
- Das, was jemand durch Ihre Hand geschrieben haben soll, kommt niemals von einem verstorbenen spirituellen Meister. Beweisen Sie mir das!

- Es gibt keinen Gott. Beweisen Sie mir, dass es ihn gibt!
- Es gibt kein Leben nach dem Tod. Beweisen Sie mir das!

Auf diese Art der Einwürfe könnten Sie auch in folgender Weise antworten:

Die Liebe der Mutter

Frage an Sie: Liebt Ihre Mutter Sie?
„Ja natürlich!“
Beweisen Sie mir das!

Das dünne Eis

Einwand

Eine Unfallversicherung brauche ich nicht. Mir passiert schon nichts.

Metapher-Erwiderung

Sie stehen auf einer dünnen Schicht Eis, aber Sie wissen nicht, dass sie nur so dünn ist. Sie können jederzeit einbrechen, turnen aber hemmungslos auf dem Eis herum. Was wir tun: Wir schieben Ihnen ein Stahlträgergerüst unter die Eisdecke. *Matthias Pöhm*

Kernaussage der Metapher

Jemand wiegt sich in trügerischer Sicherheit, aber mit meiner Methode wird es echte Sicherheit.

Weitere Einwände, auf welche die Metapher passt

- In mein Haus kommt ein Einbrecher nicht so einfach rein. Da muss man baulich sicher nichts ändern.
- Meine Bremsen am Auto bremsen noch einigermaßen. Damit muss ich sicher nicht in die Werkstatt.
- Meine Aktien machen im Moment tolle Gewinne. Ich werde mein anderes Geld auch dort investieren.

Die Hecke vor dem Abgrund

Aussage

Ich bin in der Probezeit. Chef, ich nehme an, Sie sind zufrieden mit mir.

Metapher-Erwiderung

Sie laufen auf einem schmalen Pfad. Rechts von Ihnen sind dichte Hecken. Sie fühlen sich sicher. Was Sie nicht sehen, ist, dass hinter den Hecken ein Abgrund ist. Ich bin heute hier, um Ihnen die Hecken wegzuschneiden, damit Sie sehen, wo Sie wirklich stehen. *Matthias Pöhm*

Kernaussage der Metapher

Jemand wiegt sich in Sicherheit, aber er sieht die Gefahr nicht.

Der Schneepflug

Argument

Ich besuche keinen Rhetorik-Kurs, sonst bin ich nicht mehr authentisch. *Chef der österreichischen Grünen: Alexander Van der Bellen*

Metapher-Erwiderung

Stellen Sie sich vor, zwei Freunde haben zur gleichen Zeit angefangen, Ski zu fahren. Im Winter fuhren sie immer getrennt zum Skifahren, jeweils in ein anderes Skigebiet. Nach drei Jahren fahren sie das erste Mal gemeinsam in den Skiurlaub. Der eine stellt sich oben an den Hang und rast ihn im Parallelschwung elegant hinunter. Sein Kollege kommt fünf Minuten später hilflos im Skipflug hinter ihm den Hang hinuntergestochert. Unten angekommen fragt er ihn: „Sag mal, ich fahre genauso lang Ski wie du. Aber du fährst viel besser als ich, was hast du anders gemacht?" Er antwortet: „Ich hab mir immer einen Skilehrer genommen, mach das doch auch!" Der andere sagt: „Das will ich nicht, sonst bin ich nicht mehr authentisch." *Matthias Pöhm*

Kernaussage der Metapher

Auch wenn Sie eine Methode lernen und anwenden, sind Sie trotzdem noch authentisch.

Weitere Situationen, auf welche die Metapher passt

- Jedes Mal, wenn jemand sagt: Wenn ich diese oder jene Methode anwende, bin ich nicht mehr authentisch, kreativ, natürlich oder persönlich …

- Wenn ich die Schlagfertigkeitstechnik anwende, bin ich nicht mehr authentisch.
- Wenn ich während der Sitzung stehend präsentiere, bin ich nicht mehr authentisch.
- Wenn ich als Frau „glasklar richtigstelle“, dann bin ich nicht mehr authentisch.
- Wenn ich Frauen mit einem vorher überlegten Spruch anspreche, bin ich nicht mehr authentisch.
- Wenn ich ein Verkaufsgespräch nach einer festen Struktur führe, bin ich nicht mehr authentisch.

Die Uhr anhalten

Einwand

Unserer Firma geht es im Moment schlecht, wir müssen an den Investitionen sparen.

Metapher-Erwiderung

Wenn Sie Investitionen sparen, um Geld einzusparen, ist es dasselbe, wie die Uhr anzuhalten, um Zeit zu sparen.

Der erste Flug der Gebrüder Wright

Einwand

Einen Menschen, der aufgehört hat, zu essen und zu trinken, und trotzdem munter weiterlebt, den gibt es nicht. Da schicken wir sicher keinen Journalisten hin. Über diese Scharlatanerie machen wir natürlich auch keinen Artikel.

Metapher-Erwiderung

1903 planten die Gebrüder Wright in North Carolina ihren ersten motorisierten Flug. Sie luden eine Reihe von Journalisten aus dem ganzen Land zu ihrem Experiment ein. Am 3. Dezember flogen sie mit ihrem Flugapparat auf dem Gelände von Kitty Hawk das erste mit einem Motor bewegte Flugzeug in der Menschheitsgeschichte – mutterseelenallein. Kein einziger Journalist war gekommen. Sie alle spotteten über die Brüder und sagten sich: So etwas gibt es nicht. Da brauchen wir gar nicht hinzugehen.
Matthias Pöhm

Kernaussage der Metapher

Jemand ignoriert ein Phänomen, weil er das Phänomen für unmöglich hält.

Weitere Einwände, auf welche die Metapher passt

- Jedes Mal, wenn jemand ein übernatürliches Phänomen, zu dem es aber schon viele Beobachtungen gibt, einfach als nicht existent abtut.
- Also mit Tieren kann man sicher nicht so kommunizieren, dass man eine klare Antwort bekommt. Das brauche ich mir nicht anzuschauen.
- Auf der Erde lebende Geister von Verstorbenen gibt es nicht. Das brauche ich mir nicht anzuschauen.
- Ein Wesen aus dem Jenseits kann nicht mit uns sprechen. Das brauche ich mir nicht anzuschauen.
- Niemand auf der Welt kann einen Gegenstand auflösen und an einer anderen Stelle wieder entstehen lassen. Das brauche ich mir nicht anzuschauen.

Das Navigationssystem

Aussage

Ich bin damals bei Ihrer Firma zwar ausgestiegen. Aber jetzt, da es läuft, würde ich gern wieder als Berater mit dabei sein.

Metapher-Erwiderung

Stellen Sie sich vor, ein Autofahrer fährt mit einem Navigationssystem durch unbekanntes Gebiet. Das Navigationssystem lotst ihn von der Straße weg in immer unwegsameres Gelände, bis er schließlich in einem Urwald landet. Das Navigationssystem schaltet sich plötzlich von selber ab und jetzt muss der Fahrer wieder auf seinen eigenen Orientierungssinn und seine eigenen Fähigkeiten vertrauen. Nach einem mühsamen Weg findet er tatsächlich wieder zurück auf ordentliche Straßen und schließlich sogar zurück auf die breite Autobahn, wo er schließlich mit hoher Geschwindigkeit dahinbraust. Er hat bewiesen, dass er besser fährt, wenn er sich auf seinen eigenen Orientierungssinn verlässt. Können Sie mir einen Grund nennen, warum der Fahrer wieder sein defektes Navigationssystem einschalten sollte? – Sie sind dieses defekte Navigationssystem!

Kernaussage der Metapher

Auf wen in schlechten Zeiten kein Verlass ist, den braucht man auch nicht in guten Zeiten.

Weiter Aussage, auf welche die Metapher passt

- Jedes Mal, wenn sich jemand von einem Projekt in Notlage verabschiedet hat und nach erfolgter Rettung wieder einsteigen will.

- Jetzt habt ihr ein Rekord-Wahlergebnis: Ich trete wieder in eure Partei ein.
- Donnerwetter, du hast ja einen Riesenerfolg in den Hitparaden – ich möchte wieder dein Berater sein.
- Ich habe dich gestern im Fernsehen gesehen, als du deinen Weltrekord geholt hast. Ich denke, ich wäre doch wieder der beste Trainer für dich.

Das fünfte Glas

Einwand

Ich kann nicht auch noch anfangen, Tagebuch zu schreiben. Ich habe zurzeit schon so viel Stress.

Metapher-Erwiderung

Stellen Sie sich vor, ein Mann trägt vier volle Wassergläser. Jeweils links und rechts zwischen Armbeuge und Körperrumpf hat er ein Wasserglas eingeklemmt und zusätzlich hält er noch in der linken und rechten Hand jeweils ein Wasserglas. Jetzt sieht er vor sich auf dem Tisch ein weiteres volles Wasserglas, das er gern greifen würde. Der Mann überlegt angestrengt und schaut die ganze Zeit dieses Wasserglas an. Plötzlich kommt ihm die Idee, wie er dieses Wasserglas nehmen kann. Er streckt die rechte Hand aus, lässt sowohl das eingeklemmte als auch das in der Hand gehaltene Glas fallen und ergreift das Wasserglas auf dem Tisch.

Genauso ist es mit dem Tagebuchschreiben. Du müssen ein paar andere Aktivitäten fallen lassen, um Zeit für die Tätigkeit zu finden, die Ihnen wichtig ist.

Kernaussage der Metapher

Man muss Tätigkeiten loslassen, um Zeit zu finden, die Dinge zu tun, die einem wichtig sind.

Der Goldschatz

Angriff

Eure Firma lohnt sich nicht richtig. Du machst viel zu wenig Umsatz mit deinen Leuten.

Metapher-Erwiderung

Wir sitzen auf einem Goldschatz. Zwischen uns und dem Gold ist nur eine dünne Schicht Erde. Wir müssten nur kratzen und schon hätten wir Gold! Aber bisher hat niemand gekratzt.

Genauso ist es mit dem Umsatz unserer Firma. Wir haben bis jetzt immer darauf gewartet, dass das Telefon klingelt. Wenn wir nun anfangen, aktives Telefonmarketing zu machen, dann bergen wir pures Gold, dann brummt die Bude. *Matthias Pöhm*

Kernaussage der Metapher

Mit einer kleinen Maßnahme gebe ich einem System einen riesigen Erfolgsschub.

Weitere Angriffe, auf welche die Metapher passt

- Ihr Software-Projekt dümpelt seit Monaten dahin – da geht nichts. (Maßnahme: neue Programmiersprache)
- Euer Fussballverein schlägt sich ja nur mehr schlecht als recht so durch. (Maßnahme: Jugendförderung)

- Die Besucherzahlen auf Ihrer Homepage sind fast schon peinlich. (Maßnahme: Google-Werbung schalten)

Die Piraten auf hoher See

Argument

Liebe grüne Parteigenossen, wir sind eine Partei des Friedens, wir schicken keine deutschen Soldaten nach Afghanistan.

Metapher-Erwiderung

Wenn wir nicht reagieren und zuwarten, wird sich in Afghanistan nichts ändern. Liebe grüne Parteigenossen, wenn auf hoher See Passagierschiffe ständig von einem Piratenschiff gekapert und ausgeraubt werden, da nützt kein Fasten für den Frieden, da muss eine Armada dem Piratenschiff Einhalt gebieten. *Matthias Pöhm*

Die Ehe – getestet von Außerirdischen

Argument

Du siehst die Ehe viel zu neagtiv! Ich kenne ein Paar, das ist nach 30 Jahren immer noch glücklich zusammen. Die Ehe ist prinzipiell schon die richtige Institution.

Metapher-Erwiderung

Angenommen, Wissenschaftler wollen ein Pülverchen testen, ob es medizinisch wirkt. Sie geben es zu diesem Zweck 1.000 Leuten. Bei 700 ist das Befinden danach schlechter, bei 230 bleibt es gleich und bei 70 tritt eine Verbesserung des Befindens ein. Würden Sie dieses Pülverchen als ein wirksames Arzneimittel ansehen? Bei der Ehe tun Sie's aber.

Stellen Sie sich vor, Außerirdische besuchen uns und wollen testen, ob die menschlichen Traditionen, die sie vorfinden, auch für sie selbst als geeignet übernommen werden können oder nicht. Die Außerirdischen gehen dabei absolut wissenschaftlich vor. Sie testen die Brauchbarkeit aller unserer menschlichen Erfindungen – unter anderem die Ehe. Sie nehmen 1.000 Leute und schauen. Bei wie vielen ist das Befinden danach schlechter, bei vielen bleibt's gleich und bei einigen tritt eine Verbesserung ihres Befindens ein. Die Außerirdischen kommen genau zu denselben Ergebnissen wie unsere Wissenschaftler bei dem Pülverchen. Dieser Test läuft als Versuch auf der Erde bereits 2000 Jahre – immer mit denselben Ergebnissen. Würden Sie als Außerirdischer dieses Pülverchen „Ehe“ als Heilmittel zum Wohlbefinden mit auf Ihren Planeten nehmen? *Matthias Pöhm*

Kernaussage der Metapher

Einige wenige erfolgreiche Beispiele beweisen noch lange nicht, dass das Prinzip für alle die richtige Entscheidung ist.

Weitere Argumente, auf welche die Metapher passt

- Auch Jungs sollten ermuntert werden, öfter zu weinen. Ich kenne Männer, die weinen auch gern.
- Rauchen ist nicht so schlimm. Ich kenne eine Frau, die hat geraucht bis zum Schluss und sie ist 90 Jahre alt geworden.
- Sport treibe ich nicht. Meine Schwester macht gar keinen Sport, die war kürzlich beim Arzt und der sagt, sie ist bei bester Gesundheit.

Die zwei Meter großen Sizilianer

Aussage

Als Mitglied der katholischen Kirche ist man gut aufgehoben. Bei uns in der Gemeinde gibt es einen katholischen Pfarrer, der sagt sogar: Es gibt nichts gegen schwule Paare einzuwenden.

Metapher-Erwiderung

Würden Sie der Aussage zustimmen: Die Leute in Sizilien sind im Durchschnitt kleiner als die Leute in Deutschland?
„Ja."

Glauben Sie, dass es Sizilianer gibt, die zwei Meter messen?
„Ja, das ist möglich."

Schauen Sie, so ist es auch mit der offiziellen Kirche. Nur weil es ein paar Ausnahmen gibt, die anders sind, heißt das noch lange nicht, dass die ganze Kirche plötzlich fortschrittlich ist. *Matthias Pöhm*

Kernaussage der Metapher

Ein Ausnahmebeispiel beweist noch lange nicht die universelle Gültigkeit der Aussage.

Weitere Aussagen, auf welche die Metapher passt

- Lass mich mit der katholischen Kirche in Ruhe. Ich habe wieder gelesen, dass ein Bischof sich an Kindern vergriffen hat.
- Dass die Skandinavier alle blond sind, ist ein Vorurteil. Ich kenne mehrere Schweden, die haben pechschwarzes Haar.
- Es stimmt gar nicht, dass Männer weniger weinen als Frauen. Ich kenne Männer, die weinen auch.
- Die Aussage, dass Jugendliche immer früher ihren ersten Sex haben, ist falsch. Meine Nichte ist 15 und immer noch Jungfrau.
- Sie täuschen sich, dass heutzutage Handys nach einem Jahr schon wieder ausgetauscht werden. Ich kenne einen, der hat schon fünf Jahre dasselbe Handy.
- Heutzutage gibt es immer mehr Frauen, die auch Männer ansprechen.

Auf ähnlich gelagerte Aussagen könnten Sie auch mit dem folgenden Beispiel kontern:

Die Mehrheit

Stellen Sie sich vor, Sie stellen 1.000 willkürlich ausgewählte katholische Priester auf einem Flugfeld in einer Reihe auf. Jetzt können Sie eine Spielwette abschließen, bei der Sie Ihr Monatsgehalt verdoppeln können, wenn Sie nur die richtige Aussage treffen. Der Spielleiter fragt Sie: „Gibt es in dieser vor Ihnen stehenden Reihe eine Mehrheit, die Schwulenpaare akzeptiert, oder gibt es eine Mehrheit, die Schwulenpaare verurteilt? Auf welche Aussage würden Sie setzen, wenn Sie Ihr Monatsgehalt verdoppeln wollen? *Matthias Pöhm*

Das alte Schwimmbad

Einwand

Es ist nicht damit getan, die Kirche zu verlassen. Nur wenn man in der Kirche bleibt, kann man Reformen bewegen.

Metapher-Erwiderung

Es gab einmal ein altes Schwimmbad in der Stadt, in das ein Mann in seiner Kindheit immer gegangen war. In der Umgebung dieser Stadt gab es mehrere Naturseen, die zwar auch kühles Wasser führten, aber nie kam jemand in der Stadt auf die Idee, dort baden zu gehen. Denn es war einfach seit jeher Tradition, immer nur in das Schwimmbad zu gehen und niemals in einen der Seen. Das Becken im Schwimmbad war schon viele Jahre an hunderten Stellen undicht, sodass das Wasser nie hoch genug war, um sich angenehm abkühlen zu können. In diesem Schwimmbad herrschten schon immer strenge Bademeister, die mit Trillerpfeifen und unter Androhung von Strafe ständig und überall Verbote aussprachen. Die Betreiber des Bades erklärten, dass diese Strenge für das Wohlergehen der Stadtbewohner nötig sei und dieses alte Schwimmbad die einzige Möglichkeit, im Sommer Erfrischung zu bekommen.

Draußen in den Seen wäre es gefährlich. Dort gäbe es Schlingpflanzen, böse Fische und Untiere, das Wasser sei dreckig und man würde dort nicht richtig sauber. Über Generationen hinweg glaubten alle daran und hielten sich an die eingefleischte Tradition. Denn niemand kannte den Vergleich und so war man lange Zeit zufrieden. Eines Tages wagten ein paar Leute, nicht mehr in das Schwimmbad zu gehen, sondern in die umliegenden Naturseen. Als sie merkten, dass es dort viel angenehmer war und alle Beschreibungen der Schwimmbadbetreiber nicht zutrafen, gingen Jahr für Jahr immer weniger Menschen in das alte, undichte und wenig Wasser führende Schwimmbad. Ein Mann, der inzwischen auch die Naturseen kennengelernt hatte, kam eines Tages am Bad vorbei. Als die wenigen, die dem Bad noch treu blieben, ihn sahen, sprachen Sie ihn flehentlich an: „Komm doch wieder in unser Schwimmbad, nur wer im Schwimmbad ist, hilft, diese traditionsreiche Institution zu ändern." Der Mann aber sagte: „Warum soll ich an diesem Schwimmbad etwas ändern? Alles, was dieses Schwimmbad verspricht, finde ich da draußen in der Natur. Nur viel angenehmer, in größerer Fülle, mit weniger Anstrengung, ohne Verbote, ohne Überwachung und ohne schlechte Gefühle. Ich brauche das Schwimmbad nicht. Meinetwegen müsste dieses Schwimmbad gar nicht mehr existieren."

Genauso ist es mit der Kirche. Warum soll ich helfen, etwas zu reformieren, das für mein seelisches Wohlbefinden gar nicht mehr nötig ist? Ich finde alles, was die Kirche verspricht, da draußen. Nur viel angenehmer, in größerer Fülle, mit weniger Anstrengung, ohne Verbote, ohne Überwachung und ohne schlechte Gefühle. *Matthias Pöhm*

Kernaussage der Metapher

Jemand versucht, ein System, das Nutzen verspricht, zu reformieren, aber es gibt an unendlich vielen Stellen etwas zu flicken. Nur ganz wenige Stellen sind überhaupt noch in Ordnung. Es ist sinnlos das ganze System aufrechtzuerhalten; naheliegend ist, das System zu verlassen. Den Nutzen gibt es außerhalb des Systems vermehrt, aber ohne Anstrengung.

Statt „Das alte Schwimmbad“ könnten Sie auch den „Obstladen“ ins Feld führen:

Der Obstladen in der Obstplantage

Stellen Sie sich vor, da gibt es einen Obstladen, der liegt mitten in einer Obstplantage mit hunderten üppig tragender Obstbäume. Der Obstladen hat zu 90 Prozent verdorbene Ware und der Obstladenbesitzer fleht Sie an: Bitte helfen Sie mir, diesen Laden zu sanieren, damit Ihre Obst-Grundversorgung bestehen bleibt.

Genauso ist es mit der Kirche. Ich brauche diese Grundversorgung nicht. Ich finde mein Obst außerhalb in Hülle und Fülle. Aber ich sehe ein, dass es einige gibt, welche die Fülle der umliegenden Obstbäume gar nicht erkennen. Die brauchen den Obstladen, und solange sie die umliegende Fülle nicht erkennen, ist das immer noch besser, als gar kein Obst zu haben. *Matthias Pöhm*

Das Köche-Treffen

Aussage

Sie sagen, man solle dem Menschen verzeihen. Das steht bereits in der Bibel bei Johannes. Die Bibel ist die Quelle für alles.

Metapher-Erwiderung

Stellen Sie sich vor, eine Gruppe von Chefköchen kommt zusammen, um die neuesten Rezepte auszutauschen. Unter ihnen ist ein Koch, der vor langer Zeit einmal ein Kochbuch geschrieben hat. Einer aus der Gruppe sagt: „Ich habe einen herrlichen Erdbeerkuchen kreiert." Der Kochbuchautor ruft dazwischen: „Ja, Erdbeerkuchen kommt auch in meinem Kochbuch vor." Ein anderer Koch sagt: „Ich habe einen wunderbaren Entenbraten kreiert." Wieder ruft der Kochbuchautor dazwischen: „Ja, Entenbraten kommt auch in meinem Kochbuch vor." Wieder ein anderer sagt: „Ich habe eine Lasagne kreiert." Wieder ruft der Kochbuchautor dazwischen: „Ja, Lasagne kommt auch in meinem Kochbuch vor ... Wollt ihr nicht einsehen, dass mein Kochbuch die Quelle aller Rezepte ist?"

Genauso ist es mit der Bibel. Nur weil ein Rezept in der Bibel auch irgendwo erwähnt ist, heißt das noch lange nicht, dass die Bibel die Quelle ist. Ich brauche die Bibel nicht, um dieses Rezept anzuwenden. Außerdem gibt es tausende wirksame Rezepte, die nicht in der Bibel vorkommen. *Matthias Pöhm*

Kernaussage der Metapher

Einer entdeckt eine Errungenschaft und der andere stellt sich ständig im Nachhinein als Ursache der

Errungenschaft hin: Ja, das hab ich auch schon herausgefunden. Ich bin daher die Quelle aller Weisheit.

Der Köder und der Fisch

Einwand

Wir sollten einen anderen Titel für das Buch wählen. Mir gefällt er nicht. Ich würde das Buch mit so einem Titel nicht kaufen.

Metapher-Erwiderung

Angenommen, Sie gehen mit einer Rute angeln. Jetzt haben Sie zwei Köder zur Auswahl: einmal ihr Lieblingsgericht, ein Stück Pizza, oder aber einen Regenwurm. Welchen würden Sie nehmen, um die meisten Fische an Land zu ziehen? Genauso sollten wir es beim Buchtitel machen. Der Köder muss dem Fisch schmecken, nicht dem Angler.

Kernaussage der Metapher

Das Anreizsystem muss der Zielgruppe gefallen, nicht dem Ersteller des Systems.

Weitere Einwände, auf welche die Metapher passt

- Eine Kuh als Hauptfigur der Werbekampagne spricht mich aber gar nicht an.
- Der Kinofilm ist doch keine Komödie. Die Klamauk-Witze wirken billig auf mich.

Das Schwimmen lernen

Einwand

Ich habe jetzt Ihre Schlagfertigkeitstechnik versucht. Mir fällt aber die Antwort immer erst zu spät ein. Das ist unbefriedigend.

Metapher-Erwiderung

Die meisten Menschen wollen nur dann in ein Schwimmbad gehen, wenn sie das Schwimmen schon beherrschen. Wenn Sie aber Schwimmen erlernen wollen, müssen Sie ins Wasser, gerade dann, wenn Sie's noch NICHT können. Das ist zwar unbefriedigend, aber dann lernen Sie's. *Matthias Pöhm*

Kernaussage der Metapher

Es braucht eine Zeit, bis eine Fähigkeit erlernt ist.

Der festlich gedeckte Tisch

Aussage

Das Geld für meine Rente wird schon reichen.

Metapher-Erwiderung

Stellen Sie sich vor, Sie sind zu einer Feier eingeladen, und als Sie ankommen, sehen Sie dort zwei verschiedene Arten von Tischen. Die einen Tische sind Bierzeltgarnituren mit Papptellern und Plastikbesteck, die anderen Tische haben runde Tischplatten mit Tischdecken und sind geschmückt mit Kerzen, gedeckt mit edlem Porzellan und Silberbesteck. An welchem Tisch würden Sie lieber Platz nehmen?

Diese Feier ist Ihre Renten-Feier. Welchen Tisch man Ihnen bei Ihrer Rente hinstellen wird, entscheiden Sie heute.

Der Winterschlussverkauf

Einwand

Sie bieten den Leuten hier im Seminar einen Schnell-Einschreibe-Rabatt für das Folgeseminar an. Ich habe für dasselbe Seminar vor drei Wochen voll bezahlt. Bekomme ich jetzt ebenfalls den Rabatt?

Metapher-Erwiderung

Nein, bekommen Sie nicht. Wenn Sie einen Mantel kaufen und drei Wochen später ist Winterschlussverkauf und Sie sehen denselben Mantel heruntergesetzt im Geschäft, dann bekommen Sie vom Geschäft auch keinen nachträglichen Rabatt.

Genauso ist es hier. Das ist eine Sonderbedingung, unter welcher der Preisnachlass gewährt wird. Die Sonderbedingungen gibt es jetzt und nicht vor drei Wochen. *Matthias Pöhm*

Die Kuh im Stall

Einwand

Wir brauchen mehr Neukunden!

Metapher-Erwiderung

Es kostet mehr Mühe, eine Kuh einzufangen, als eine Kuh im Stall zu melken.

Kernaussage der Metapher

Die Energie, um Neukunden zu gewinnen, ist schlechter investiert, als bestehende Kunden zu bearbeiten.

Der Elefant am Strick

Einwand

Ich kann dieses Studium nicht mehr machen, ich bin zu alt.

Metapher-Erwiderung

In Indien werden Elefanten mit einem Trick gehindert wegzulaufen. Wenn das Elefantenjunge gerade geboren wurde, wird es mit einem Strick am Hinterbein an einem Pflock angebunden. Sein ganzes junges Leben lang lernt der Elefant, dass er nicht weglaufen kann, wenn er an seinem Hinterfuß den Strick spürt. Wenn der Elefant ausgewachsen ist, hat er die Kraft, selbst eine große Kette mitsamt einem Baum auszureißen. Aber er wird mit demselben Strick am selben Pflock befestigt wie als Elefantenbaby. Denn er hat in seiner ganzen Kindheit gelernt, dass er nicht weglaufen kann, sobald er den Strick spürt. Und so verhindert sein Glaube an seine Grenzen, dass er entfliehen kann.

Genauso ist es mit Ihrem Alter. Sie glauben, dass Ihr Alter dieser Strick wäre, aber das ist eine Begrenzung, die nicht real ist.

Kernaussage der Metapher

Eine empfundene Begrenzung ist oft eine erlernte Begrenzung und nicht real.

Genauso gut könnten Sie in diesem Fall und ähnlichen Situationen Ihren Floh-Zirkus vorführen:

Der Floh im Wasserglas

Wissen Sie, wie in einem Flohzirkus die Flöhe dazu gebracht werden, nicht mehr wegzuhüpfen? Ein Floh springt im Normalfall ca. 50 cm hoch. Man sperrt nun diesen Floh in ein Glas, auf das man einen Deckel legt. Der Floh springt nun eine Stunde gegen diesen Deckel. Wenn Sie nach zwei Stunden schauen, springt er sich immer noch den Schädel wund. Nach drei Stunden allerdings werden Sie eine erstaunliche Veränderung bemerken. Der Floh hat gelernt, bis genau unterhalb des Deckelrandes zu springen. Man nimmt nun den Deckel weg und – bis zum Rest seines Lebens springt der Floh nicht mehr höher als bis zur Kante eines Wasserglases. Er hat sich selbst seine Grenzen gesetzt und er denkt, er kann darüber nicht mehr hinaus. Es ist real für ihn, er beweist es sich ständig selbst.

Als Kind waren wir in der Lage, 50 cm hoch zu springen. Erziehung, Schule, Eltern, Kirche und Gesellschaft haben uns zwischenzeitlich diesen Deckel aufgesetzt, der uns vorgaukelt, wir können nicht höher springen.

Der Lebensretter am Fluss

Argument

Am Wochenende sind schon wieder illegale Afrikaner auf den Kanarischen Inseln gelandet. Man sollte die Küstenwache verstärken

Metapher-Erwiderung

Ein Mann steht an einem Flussufer und plötzlich sieht er einen Ertrinkenden. Er springt hinein und rettet ihn mit letzter Kraft. Eine Stunde später sieht er wieder einen Ertrinkenden. Er springt wieder in das Wasser und rettet den Ertrinkenden völlig erschöpft. Nach nur 20 Minuten sieht er wieder einen Ertrinkenden und auch diesmal springt er hinein. Als er auch ihn gerettet hat, legt er sich erschöpft auf die Wiese und sagt: „Ich kann nicht mehr, ich kann nicht mehr." Ein anderer Mann kommt des Weges und beobachtet ihn. Er sagt: „Ich helfe dir, die Ertrinkenden zu retten, komm mit." Er geht mit ihm flussaufwärts bis zu einer Brücke. Er stellt sich hin und repariert das Geländer der Brücke, durch das die Menschen immer in den Fluss gefallen sind.

Genauso ist es mit den illegalen Afrikanern. Man muss die Ursache beheben, weshalb sie ihre Länder verlassen.

Kernaussage der Metapher

Man muss die Ursache eines Problems bekämpfen und nicht die Symptome.

Der Wanderer und der alte Mann

Aussage

Ich muss demnächst ein Seminar in dieser Firma halten. Können Sie mir sagen, ob ich dann eine schwierige Seminargruppe zu erwarten habe?

Metapher-Erwiderung

Ein Wanderer kam eines Tages vor eine Stadt. Dort saß ein alter Mann auf einer Bank. Der Wanderer fragte: „Kannst du mir sagen, wie die Leute in dieser Stadt sind?“ Der alte Mann antwortete: „Wie waren denn die Leute in der Stadt, in der du vorher warst?“ – „Oh, das waren alle hinterlistige, durchtriebene und unfreundliche Menschen, die nur an ihren eigenen Vorteil dachten“, antwortete der Wanderer. „Genau solche Leute findest du auch hier in dieser Stadt.“ Der Wanderer machte einen Bogen um die Stadt. Einen Tag später kam ein anderer Wanderer an dieselbe Stelle und auch er fragte den alten Mann, was für Leute ihn in dieser Stadt erwarten würden. Der alte Mann fragte auch ihn, wie denn die Leute in der vorhergehenden Stadt gewesen seien. Der Wanderer sagte: „Ich habe mich sehr wohl gefühlt. In der vorigen Stadt traf ich nur freundliche, hilfsbereite und sehr gastfreundliche Menschen.“ – „Genau dieselbe Art von Leuten wirst du auch in dieser Stadt vorfinden“, sagte der alte Mann zum Wanderer.

Genauso werden Sie es mit Ihren Seninarteilnehmern erleben. Es hängt nicht von den Seminarteilnehmern, es hängt von Ihrer EINSTELLUNG zu den Seminarteilnehmern ab. So wie Sie die Seminarteilnehmer sehen, so werden Sie sie erleben.

Kernaussage der Metapher

Es gibt keine bessere oder schlechtere Gruppe von Menschen.

Oder: Es hängt nur von meiner eigenen Sichtweise gegenüber einer bestimmten Menschengruppe ab, wie diese Menschengruppe auf mich reagiert.

Oder: Sie ziehen genau die Menschen an, die Ihrer inneren Einstellung entsprechen.

Weitere Aussagen, auf welche die Metapher passt

- Ich lebe seit drei Jahren als Deutsche in der Schweiz. Die Schweizer mögen die Deutschen einfach nicht.
- Ich bin als neuer Gefängnisdirektor für dieses Gefängnis berufen worden. Das wird hart, es gibt hier nur Schwerverbrecher.
- Ich fahre in den Iran. Ich bin gläubiger Christ. Die Iraner mögen aber die Christen nicht.

Der Saal der tausend Spiegel

Aussage

Ich muss demnächst ein Seminar in dieser Firma halten. Können Sie mir sagen, ob ich da eine schwierige Seminargruppe zu erwarten habe?

Metapher-Erwiderung

Es gab in Nepal den Tempel der tausend Spiegel. Eines Tages kam ein Hund, stieg die Stufen des Tempels hinauf und betrat den Tempel der tausend Spiegel. Als er in den Saal der tausend Spiegel kam, sah er tausend Hunde. Er bekam Angst, sträubte das

Nackenfell, klemmte den Schwanz zwischen die Beine, knurrte furchtbar und fletschte die Zähne. Und tausend Hunde sträubten das Nackenfell, klemmten die Schwänze zwischen die Beine, knurrten furchtbar und fletschten die Zähne. Voller Panik rannte der Hund aus dem Tempel und glaubte von nun an, dass die ganze Welt aus knurrenden, gefährlichen und bedrohlichen Hunden bestehe. Einige Zeit später kam ein anderer Hund zu diesem Tempel. Auch er stieg die Stufen hinauf und betrat den Tempel der tausend Spiegel. Als er in den Saal mit den tausend Spiegeln kam, sah auch er tausend andere Hunde. Er aber freute sich. Er wedelte mit dem Schwanz, sprang fröhlich hin und her und forderte die Hunde zum Spielen auf. Dieser Hund verließ den Tempel mit der Überzeugung, dass die ganze Welt aus netten, freundlichen Hunden bestehe, die ihm wohlgesinnt sind.

Genauso wird es mit dieser Seminargruppe sein. Sie werden das zurückgespiegelt bekommen, was Sie ausstrahlen.

Kernaussage der Metapher

Die Menschen reagieren genauso auf Sie, wie Sie sich ihnen gegenüber verhalten.

Der Zigarettenautomat

Einwand

Wenn Sie kein Fleisch essen, weil kein Tier extra für Sie sterben soll, dann können Sie im Restaurant doch ruhig Fleisch essen. Denn dieses Tier können Sie nicht mehr retten, es ist ja bereits tot.

Metapher-Erwiderung

Stellen Sie sich einen Zigarettenautomaten vor, in dem die Zigaretten in einem Schacht übereinandergestapelt sind. Wenn Sie unten eine Zigarettenschachtel herausholen, dann nimmt die Zigarettensäule um eine Schachtel ab. Wenn die Säule abgebaut wurde, dann werden wieder genauso viele Schachteln nachgefüllt, wie herausgeholt worden sind.

Genauso ist es, wenn ich im Restaurant ein Stück Fleisch bestelle. Wenn ich hier ein Tier esse, dann wird irgendwann hinter der Küche ein neues Tier geschlachtet, um das Fehlende im Schacht aufzufüllen. *Matthias Pöhm*

Die zahme Antilope

Einwand

Männer sind überfordert, wenn sie einmal von einer Frau angesprochen werden.

Metapher-Erwiderung

Männer sind Jäger und ihnen macht das Jagen Spaß. Es ist für einen Löwen uninteressant, wenn ihm die Antilope ins offene Maul springt. *Matthias Pöhm*

Der Frosch im heißen Wasser

Argument

Es sind nur wenige Kunden, die sich über unsere abgewetzte Einrichtung beschwert haben. Es kommen immer noch genug Gäste.

Metapher-Erwiderung

Wenn Sie einen Frosch in heißes Wasser werfen, springt er sofort wieder heraus. Wenn Sie einen Frosch in einen Topf mit kaltem Wasser geben und erhitzen das Wasser langsam, gewöhnt er sich an die immer unangenehmer werdende Temperatur, findet aber nie den richtigen Zeitpunkt, zu reagieren, bis er schließlich bei lebendigem Leib verbrüht.

Genauso ist es mit unserem Hotel. Wir liegen im Moment im lauwarmen Wasser – wenn wir nicht handeln, werden wir an der schleichenden Lähmung elendiglich zugrunde gehen.

Kernaussage der Metapher

Wir reagieren nicht bei schleichender Verschlimmerung, nur ein Schock bewegt uns zum Handeln.

Oder: Verändern Sie sich, auch wenn's Ihnen noch gut geht.

Weitere Argumente, auf welche die Metapher passt

- Ich mach keine Diät. Ich hab nur drei Kilo zu viel.
- Unsere Firma hat mit den Dampftemperatur-Reglern immer Erfolg gehabt. Das wird auch sicher so weitergehen.
- Unser größter Kunde ist jetzt plötzlich zur Konkurrenz gewechselt. Das ist die Katastrophe.

Der Einzellöwe in der Savanne

Argument

Ich brauche keine Berufsunfähigkeitsversicherung. Mir passiert schon nichts.

Metapher-Erwiderung

Wussten Sie, dass nicht alle Löwen in der Gemeinschaft des Rudels leben? Es gibt auch Einzellöwen. Ein Einzellöwe hat es aber viel schwerer. Wenn sich ein Einzellöwe in der Savanne bei der Jagd verletzt, hat er ein Problem. Stellen Sie sich einmal einen hinkenden Löwen vor! Eine Antilope taucht vor ihm auf. Mit aller Kraft versucht er, ihr hinkend nachzurennen. Aber die Antilope ist viel schneller. Humpelnd dreht er ab und schleppt sich mit hängender Schulter einsam durch die sengende Sonne. Zwei Wochen später liegt ein Löwenkadaver in der Savanne. Der Einzellöwe ist kläglich verhungert. Löwen, die in Rudelgemeinschaften leben, haben es besser. Wenn sich dort ein Löwe verletzt, jagt das Rudel weiter und er bekommt von den anderen immer von der Beute ab, bis er wieder geheilt ist. Die Gemeinschaft versorgt ihn.

So, wie Sie im Moment leben, sind Sie ein Einzellöwe. Wenn Sie verletzt sind und nicht mehr für Ihren Unterhalt sorgen können, gibt es niemanden, der Sie unterstützt. Ein einziger Unfall und Sie werden zu diesem humpelnden Löwen. Was Sie brauchen, ist eine Gemeinschaft, die sich um Ihr Weiterleben kümmert, wenn Sie wegen einer Krankheit oder eines Unfalls nicht mehr für Ihren Lebensunterhalt sorgen können. Diese Gemeinschaft gibt es: Es ist eine Versichertengemeinschaft. Die sorgt für Ihren Lebensunterhalt, wenn Sie einmal lahmgelegt sind. Die Versicherung heißt Berufsunfähigkeitsversicherung. *Matthias Pöhm*

Kernaussage der Metapher

Eine Berufsunfähigkeitsversicherung sorgt im Notfall für Ihren Unterhalt.

Die größte Erkenntnis für die Menschheit

Aussage

Ich bin jetzt weg von Scientology, ich bin jetzt bei den Zeugen Jehovas.

Metapher-Erwiderung

Die Götter überlegten einst, wo sie denn die größte Erkenntnis, die sie für die Menschen geschaffen hatten, verstecken könnten. Ein Gott sagte: „Wir verstecken sie einfach auf dem höchten Berg." Aber ein anderer meinte: „Nein, dort wird sie jeder suchen." Dann machte ein anderer Gott folgenden Vorschlag: „Wir verstecken sie am tiefsten Punkt des Meeres." Aber auch hier, gab ein anderer zu bedenken, würde sie der Mensch sicherlich suchen. Dann sagte einer: „Wir geben die höchste Erkenntnis den Hohen Priestern, den Schamanen und Religionen." Aber auch hier waren sich alle einig: „Dort werden die Menschen als Erstes suchen." Schließlich machte ein Gott einen Vorschlag, dem alle anderen Götter sofort und einhellig zustimmten: „Wir verstecken die größte Erkenntnis für die Menschen in den Menschen selber. Da können wir sicher sein, dass dort niemand suchen wird." Und seit diesem Tag ist die größte Erkenntnis dort unerkannt versteckt.

Kernaussage der Metapher

Alle Erkenntnis liegt in uns und nirgendwo anders.

Weitere Aussage, auf welche die Metapher passt

- Ich bin nicht mehr bei der katholischen Kirche, ich bin jetzt bei der christlichen Pfingstgemeinde. Die haben die besseren Erkenntnisse.
- Nach zwei Jahren breche ich jetzt meine Psychotherapie ab. Ich versuche es mal mit Rückführungen.

Der 12-Zylinder-Motor

Einwand

Ihr Vortrag war heute nicht berauschend.

Metapher-Erwiderung

Ich bin ein Auto, das hat einen Motor mit 12 Zylindern, heute lief ich nur auf sieben!

Kernaussage der Metapher

In mir steckt wesentlich mehr, als ich heute gezeigt habe.

Weitere Einwände, auf welche die Metapher passt

- Sie hatten auch schon mal einen besseren Verkaufsmonat.
- Euer Fußballspiel verlief am unteren Rand der Peinlichkeit.

- Was ist denn mit Ihrer Programmierfähigkeit passiert? So viele Fehler habe ich noch nie bei Ihnen gesehen.
- Wenn du im Kreis deiner Familie bist, bist du ganz anders. Du hast dann viel weniger Ausstrahlung.

Oder Sie wählen in einem solchen Fall das Bild des nicht voll genutzten Ferrari:

Der sechste Gang im Ferrari

Ich bin ein Ferrari, der im ersten Gang blockiert ist, aber ich habe sechs Gänge.

Der Rinderbraten mit Beilagen

Einwand

In Ihrem Schlagfertigkeitsseminar gibt es einmal eine Technik zur Witzfertigkeit, dann wieder etwas aus dem Business ... Warum gehen Sie nicht nach Themenschwerpunkten vor, damit es für uns übersichtlicher wird?

Metapher-Erwiderung

Wenn Sie etwas essen und Sie haben auf Ihrem Teller zum Beispiel Rinderbraten mit Kartoffeln und Gemüse – essen Sie dann erst den Braten, dann die Kartoffeln und dann das Gemüse?
„Nein."

Sondern?
„Naja, so wie es halt am besten schmeckt ..."

Sehen Sie, genauso ist es mit der Reihenfolge der Techniken in diesem Seminar: Wenn wir erst einmal alle Techniken aus einem Themenbereich abarbeiten und anschließend das nächste Schwerpunktthema, dann wird das schwere Kost und schmeckt Ihnen nicht, weil es nicht abwechslungsreich genug ist!
Katja Kerschgens, Pöhm-Lizenztrainerin

Kernaussage der Metapher

Themen werden nicht gebündelt behandelt, sondern quer durcheinander.

Die Antriebswelle der Schiffsschraube

Einwand

Herr Doktor, mir geht es gut, ich merke nichts Negatives. Ich sehe nicht ein, dass ich die Ernährung umstellen und Sport machen soll, wo's mir doch gut geht!

Metapher-Erwiderung

Stellen Sie sich ein nagelneues Schiff vor. Der Schiffsmotor ist in der Mitte, im Bauch des Schiffes, eingebaut. Über eine Eisenwelle quer durch den Schiffsbauch wird am Heck die Schiffsschraube angetrieben. Oben in der Kapitänskajüte ist aus Sicherheitsgründen eine Kontrolllampe angebracht, die den Kapitän alarmiert, falls sich die Schiffswelle nicht mehr dreht. Der Schiffsingenieur kommt nach einigen Monaten zur Inspektion auf das Schiff und sagt dem Kapitän: „Sie müssen Ihre Antriebswelle regelmäßig ölen, damit sie lange funktionstüchtig bleibt." Der Kapitän aber antwortet: „Nein, das brauchen wir nicht. Schauen Sie, unser Antrieb funktioniert ja wunderbar – warum soll ich da die Welle ölen? Außerdem habe ich ja die Kontrolllampe, die mir anzeigt, wenn die Antriebswelle nicht mehr funktioniert.“ Zwei Monate später funkt ein manövrierunfähiges Schiff auf hoher See SOS. Es ist dieses Schiff. Ein Rettungsboot mit dem Schiffsingenieur an Bord kommt zu Hilfe: Er geht in den Maschinenraum und sieht, dass die Eisenwelle unter dem Einfluss der salzigen Luft von Rost zerfressen und an einem Ende gebrochen ist. Er holt den Kapitän und sagt: „Ich nehme an, Sie haben die Kontrolllampe aufleuchten sehen. Jetzt könnten Sie ölen, so viel Sie wollen, Ihre Welle wird dadurch nicht mehr heil.“

Genauso ist es auch mit Ihren Organen, lieber Patient: Eine durchgerostete Welle können Sie durch nachträgliches Ölen nicht mehr heil machen. Eine Leber, die Ihnen durch Schmerzen anzeigt, dass sie am Ende ist, können Sie durch keine gesunde Ernährung und keinen Sport mehr heilen. Tun Sie also jetzt etwas für Ihre Organe, stellen Sie Ihre Ernährung um und treiben Sie Sport, damit Sie den späteren Großschaden vermeiden.

Kernaussage der Metapher

Wenn ein funktionierendes Gesamtsystem nach außen spürbar und sichtbar nicht mehr funktioniert, dann ist es bereits zu spät. Man muss das System pflegen, bevor Symptome auftreten, sonst wird der Schaden irreparabel.

Man muss die Ursache eines Problems bekämpfen und nicht die Symptome.

Die Staumauer-Bomben

Einwand

Als Rollstuhlfahrer kann ich sicher keinen Urlaub per Autostopp machen.

Metapher-Erwiderung

Im zweiten Weltkrieg waren die Staudämme der Deutschen in den Alpen mit großen Flugzeugabwehrgeschützen bestückt. Dadurch war es für die alliierten Bomber unmöglich, Bomben auf die Staumauern abzuwerfen. Sobald sich die Flieger der Staumauer näherten, wurden sie von der deutschen Abwehr abgeschossen. Eines Tages beobachtete ein britischer Luftwaffenoffizier in seiner Freizeit Kinder beim Spielen am Wasser. Und da kam ihm eine Idee! Beim nächsten Angriff auf die Staumauer flogen die britischen Flieger ganz weit hinten vom See kommend, außerhalb der Reichweite der Flak, auf die Staumauer zu. Sie zogen ihre Flugzeuge nach unten, sodass sie nur ganz flach über das Wasser flogen. Dann klinkten sie eine speziell konstruierte Bombe aus. Sofort danach zogen die Flugzeuge nach oben und drehten wieder in die Richtung, aus der sie gekommen waren. Die Bomben aber fielen mit großer Geschwindigkeit auf das Wasser und tanzten wie flache Steine auf dem Wasser Richtung Staumauer. Die Deutschen waren dagegen hilflos. Die Bomben kamen mit riesiger Geschwindigkeit und immer kürzer werdenden Sprüngen auf die Staumauer zugerast und zerstörten sie schließlich.

Genauso ist es mit Ihrem Problem, als Rollstuhlfahrer nicht Autostopp machen zu können. Es gibt eine Lösung: Sie müssen nur außerhalb Ihres momentanen Denkrahmens denken. *Matthias Pöhm*

Kernaussage der Metapher

Es gibt immer eine Möglichkeit, um ein scheinbar unlösbares Problem zu lösen. Man muss nur eine Idee außerhalb des vorgegebenen Rahmens finden.

Weitere Einwände, auf welche die Metapher passt

- Wir werden die Konkurrenz sicher nicht dazu bringen können, für UNS Werbung zu machen!
- Unsere Uhren haben eine veraltete Technik. Die lassen sich nicht mehr verkaufen.

Der Elfmeter beim Fussball

Aussage

Ich habe vorgestern eine Frau kennengelernt. Zum ersten Date hat sie mich gleich für morgen Abend zu sich nach Hause eingeladen. Ob da wohl was läuft?

Metapher-Erwiderung

Hör zu, was dir da passiert ist, ist wie ein Elfmeter ... aber ohne Tormann! Wenn du den nicht verwandelst, schicken wir dich wieder zum Tischfussball zurück! *Roger Derungs*

Das verkalkte Wasserrohr

Aussage

Der Herzinfarkt kam aus heiterem Himmel. Am Vormittag hatte mein Vater im Garten noch Blumen gepflanzt.

Metapher-Erwiderung

Ein Herzinfarkt ist die Folge einer plötzlichen Verstopfung der Arterien. Haben Sie sich einmal gefragt, woher der Kalk in den Arterien kommt? Es ist der Kalk aus Ihrem Trinkwasser! Täglich Kalk, Kalk, Kalk. Das Wasser, das aus Ihrem Wasserhahn kommt, ist gesättigt von Kalk und anderen unnatürlichen Stoffen, die in einem natürlichen Alpenquellwasser aus 2.000 m Höhe nicht vorkommen. Daher kann dieses Wasser in den Blutbahnen auch keine Schlacken und Ballaststoffe mehr transportieren. Das Problem ist nur, dass Sie lange Zeit nichts merken und denken: Bei mir ist doch alles in Ordnung.

Das ist wie bei einem verkalkten Rohr im Haus. Die ganze Zeit merken Sie nichts von der Verkalkung, denn es fließt ja noch Wasser aus dem Wasserhahn. Unmerklich wird aber die Kalkschicht im Rohr immer dicker und der Strahl wird immer dünner. Bis eines Tages ein kleinstes Partikelchen reicht, um das Rohr komplett zu blockieren.

Das springende Wasserflugzeug

Einwand

Beim Flirten mit einem Fremden fühle ich mich mitten im Gespräch manchmal unsicher.

Metapher-Erwiderung

Stellen Sie sich ein Wasserflugzeug vor, das in voller Fahrt versucht, vom Wasser abzuheben. Es schafft zwar kurze Sprünge, fällt aber immer wieder zurück aufs Wasser. Das Flugzeug gewinnt allerdings immer mehr an Tempo, bis es nach etlichen Sprüngen in einen Aufwind gerät und endgültig abhebt und durchstartet.

Genauso ist es beim Flirten. Die Wasserberührung sind die Unsicherheitsgefühle. Behalten Sie einfach die Fahrt, irgendwann heben Sie ab. *Matthias.Pöhm*

Kernaussage der Metapher

Eine Methode bringt zunächst immer wieder einen kleinen Teil-Erfolg, unterbrochen von Rückschlägen. Aber die konsequente Anwendung der Methode bringt schließlich den Durchbruch.

Weitere Einwände, auf welche die Metapher passt

- Die Wirkung des Medikaments spüre ich nur phasenweise.
- Beim Reiten habe ich immer wieder Rückschläge und dann macht das Pferd, was es will.
- Ich kann immer noch nicht richtig Klavier spielen. Gestern habe ich wieder gedacht, dass ich noch der totale Anfänger bin.

Der Hustensaft

Argument

Ich habe eine Rede mit PowerPoint-Präsentation gesehen. Die war gut. So schlecht kann PowerPoint also nicht sein.

Metapher-Erwiderung

Das ist so wie ein Hustensaft, den man alle drei Jahre einmal benutzt. Dann hilft er ja auch. Aber daraus darf nicht rückgeschlossen werden, dass man ständig Hustensaft trinken sollte. *Matthias Pöhm*

Kernaussage der Metapher

Nur weil die Methode einmal funktioniert hat, heißt das noch lange nicht, dass sich die Methode zur Daueranwendung empfiehlt.

Oder: Eine Ausnahme rechtfertigt noch lange nicht, eine Regel daraus zu machen.

Hier noch eine mögliche Erwiderung auf den Einwand, PowerPoint sei gar nicht so schlecht. „Ich habe mal eine tolle Präsentation damit gesehen."

Das Anlegen des Sicherheitsgurtes

Einwand wie oben

Metapher-Ewiderung

Das ist so ähnlich wie das Anlegen des Sicherheitsgurtes beim Auto. Nur weil in 5 von 1.000 Fällen das Nicht-Anlegen eines Sicherheitsgurtes dem Fahrer das Leben gerettet hat, rechtfertigt es noch lange nicht, dass man auf Sicherheitsgurte prinzipiell verzichten sollte. Nur weil einer mal mit PowerPoint eine gute Rede gehalten hat, rechtfertigt es noch lange nicht, dass man prinzipiell mit PowerPoint arbeiten sollte. *Matthias Pöhm*

Kernaussage der Metapher

Nur weil die Methode in Ausnahmefällen Verbesserung bringt, heißt das noch lange nicht, dass sich die Methode zur Daueranwendung empfiehlt.

Oder: Eine Ausnahme rechtfertigt noch lange nicht, eine Regel daraus zu machen.

Das einzige Farbfoto unter den Schwarz-Weiß-Fotos

Argument wie oben

Metapher-Erwiderung

Das ist so ähnlich wie mit den Fotowettbewerben vor 1930, als es nur Schwarz-Weiß-Fotos gab. Damals wurde jährlich ein Preis verliehen, der das beste Foto in Bezug auf Realismus-Treue und Tiefenschärfe prämierte. Dann kam mit 1931 plötzlich das Jahr, in dem unter den eingesandten Fotos das erste Farbfoto auftauchte. Ab diesem Moment hatten die Schwarz-Weiß-Fotos keine Chance mehr.

Und so ist es auch mit Power-Point: Solange Sie den Vergleich mit dem Neuen nicht kennen, halten Sie das Herkömmliche für das Beste. Denn das Schwarz-Weiß-Foto ist ja nicht schlecht, der PowerPoint-Vortrag ist ja nicht schlecht. Aber sobald Sie den gleichen Vortrag mit der neuen Methode gesehen haben, hat PowerPoint keine Chance mehr. *Matthias Pöhm*

Kernaussage der Metapher

Man hält eine Methode so lange für gut, bis man die neue Methode kennengelernt hat.

Das Indiz für die Genesung

Aussage

Man muss die zehn Gebote der Bibel einhalten, damit man in den Himmel kommt.

Metapher-Erwiderung

Stellen Sie sich vor, Sie gehen zum Arzt, weil Sie sich permanent schlapp, müde und fiebrig fühlen und ständig husten müssen. Sie erzählen ihm, dass Sie, im Gegensatz zu früher, in letzter Zeit immer mehr als zehn Stunden pro Nacht Schlaf brauchen. Der Arzt diagnostiziert eine Grippe und verschreibt ein Heilmittel. Er sagt: „Dass Sie gesund sind, erkennen Sie daran, wenn Sie wieder wie früher nur sieben Stunden Schlaf brauchen." Nach drei Tagen werden Sie wieder gesund und tatsächlich brauchen Sie wie vorausgesagt nur noch sieben Stunden Schlaf. Jetzt schreiben Sie ein Buch über gesundes Leben und stellen die Regel auf: „Um eine Grippe zu heilen, zwingen Sie sich einfach, nur sieben Stunden zu schlafen; wenn Sie das schaffen, dann sind Sie geheilt. Der Irrtum liegt darin: Sieben Stunden zu schlafen ist das INDIZ dafür, dass Sie geheilt sind, aber nicht die BEDINGUNG, dass Sie geheilt werden.

So ist auch mit den zehn Geboten. Die Eigenschaften der zehn Gebote sind Indiz dafür, dass man geheilt ist, aber nicht Bedingung, um Heilung zu erreichen. *Matthias Pöhm*

Kernaussage der Metapher

An den Veränderungen der Symptome erkennt man nur die Wirksamkeit der Maßnahme, aber die Veränderung der Symptome ist nicht die Ursache der Wirksamkeit. Man muss die Ursache eines Problems bekämpfen und nicht die Symptome.

Die kaputte Pferdekutsche

Angriff

Wollen Sie etwa im Zug Ihr Buch vor allen Leuten laut lesen? Sie machen sich lächerlich.

Metapher-Erwiderung

Im vorletzten Jahrhundert gab es einmal einen Mann, der stand mit seiner umgebauten Pferdekutsche immer an irgendeiner Stelle am Straßenrand. Er hatte Werkzeug dabei und bastelte an seiner Kutsche herum. Während andere gemütlich vorbeiritten, war seine Kutsche fast immer kaputt. Der Mann war in der ganzen Umgebung bekannt. Fast alle Kleinstadtbewohner kannten ihn. Jedes Mal, wenn jemand mit seiner Pferdekutsche an ihm vorüberritt und er wieder mit seinem Werkzeug an seiner Kutsche herumbastelte, erntete er abfällige Blicke und ein unterdrücktes Lächeln. Hinter seinem Rücken tuschelten die Leute und machten sich über ihn lustig. Der Mann hieß ... (*Pause*) Gottlieb Daimler und die Kutsche war sein erstes Automobil. Wenn man Sie belächelt, sind Sie auf dem richtigen Weg. *Matthias Pöhm*

Kernaussage der Metapher

Jedes Mal anwendbar, wenn jemand sagt „Das ist peinlich/blamabel“ oder „Sie machen sich lächerlich“.

Der Eimer voller Bonbons

Argument

Für den Kunden ist es gut, wenn wir möglichst viele unterschiedliche Produkte anbieten können.

Metapher-Erwiderung

Stellen Sie sich einen Eimer voll mit kleinen Bonbons vor. Daneben haben Sie einen Maßkrug stehen, in den Sie jetzt mit einem Mal den gesamten Eimer voller Bonbons schütten. 80 Prozent Ihrer Bonbons fliegen daneben. Der Maßkrug kann nur eine gewisse Anzahl von Bonbons aufnehmen.

Genauso ist es auch mit unseren Produkten. Wir haben 800 Produkte, aber der Markt kann nur 20 Prozent davon aufnehmen. 80 Prozent gehen am Markt vorbei. Wir müssen die Anzahl der Produkte reduzieren.

Kernaussage der Metapher

Ein System hat nur eine bestimmte Auffangkapazität und kann daher nicht beliebig viele Objekte aufnehmen. Der Rest der Objekte geht am System vorbei.

Weitere Argumente, auf welche die Metapher passt

- Unsere Mitarbeiter bekommen zwar schon 23 interne Informations-E-Mails, aber sie sollen über alle unsere Geschäftspartner informiert werden. So schicken wir ihnen noch zusätzlich monatlich eine Geschäftspartner-E-Mail.
- Wir haben bei der PISA-Studie schlecht abgeschnitten. Wir müssen unseren Schülern mehr Stoff vermitteln.

Die Motorleistung

Einwand

Sie sind zu alt für den Job.

Metapher-Erwiderung

Es kommt nicht auf den Kilometerstand an, sondern auf die Motorleistung.

Das tote Pferd

Einwand

Vor zwei Tagen hat mir Sven doch noch eine SMS geschrieben, dass er mit mir Urlaubspläne hat, und jetzt soll alles vorbei sein? Das kann ich einfach nicht glauben.

Metapher-Erwiderung

Es gibt ein altes indianisches Sprichwort, das lautet: Wenn das Pferd tot ist ... Steig ab!

Kernaussage der Metapher

Stecken Sie keine zusätzliche Energie mehr in ein Projekt, das offensichtlich gescheitert ist.

Weitere Einwände, auf welche die Metapher passt

- Wir haben jetzt schon so viel in das Marketing für unser neues Produkt gesteckt. Das kann doch nicht alles verloren sein? Jetzt geben wir noch einmal einen Batzen dazu und dann wird das schon!

- Umberto Bossi soll mit Berlusconi eine neue Volksabstimmung machen, vielleicht haben sie ja diesmal Erfolg.

Das Kotelett in der Pfanne

Angriff

Sie sollen uns hier Pünktlichkeit beibringen, aber sie selbst kommen immer zu spät.

Metapher-Erwiderung

Man muss sich nicht selbst in die Pfanne legen, um zu wissen, wie man ein Kotelett brät.

Kernaussage der Metapher

Jedes Mal, wenn jemand Sie aufmerksam macht, dass Sie nicht selber tun, was Sie anderen beibringen.

Weitere Anfriffe, auf welche die Metapher passt

- Sie sagen uns, Zucker ist ungesund – und Sie selbst geben sich Zucker in den Kaffee. Ein Ernährungsberater sollte mit gutem Beispiel vorangehen.
- Sie müssen gerade von Freundlichkeit reden! Ich habe schon Beschwerdebriefe von Kunden gelesen, die sich über Sie beschwert haben!
- Ich frage mich, wie einer ein Führungsseminar halten will, der selbst noch nie eine Führungsposition innehatte.

Die Schienen zum Zug

Aussage

Ich mache keine Zusatzausbildung. Irgendwann im Leben kriege ich schon meinen richtigen Job. Ich spüre: Er kommt auf mich zu!

Metapher-Erwiderung

Bevor du längere Zeit auf einen Zug wartest, vergewissere dich, ob überhaupt Schienen da liegen. *Manfred Rommel*

Kernaussage der Metapher

Bevor Sie zu viel Zeit in eine Sache investieren, überprüfen Sie, ob überhaupt die Basis gelegt ist, damit die Sache funktionieren kann.

Weitere Ausagen, auf welche die Metapher passt

- Meinen Traummann werde ich schon irgendwann finden.
- Hier in diesem See möchte ich irgendwann mal einen Hecht angeln.

Der Lottogewinn ohne Los

Einwand

Meinen Traumjob werde ich schon irgendwann finden. Um Stellenannoncen zu lesen, habe ich aber keine Zeit.

Metapher-Erwiderung

Sie können nur dann auf einen Lottogewinn hoffen, wenn Sie auch ein Los gekauft haben.

Kernaussage

Überprüfen Sie, ob überhaupt die Basis gelegt ist, damit Ihr Anliegen Wirklichkeit werden kann.

Die Kettenglieder

Aussage

Meine Klasse hat zwar 25 Schüler, aber die sind verschwiegen. Das Geheimnis bleibt unter uns.

Metapher-Erwiderung

Eine Kette ist nur so stark wie ihr schwächstes Glied.

Der Ast, auf dem ich sitze

Einwand

Dass die Firma dieses Jahr keinen Gewinn gemacht hat, interessiert uns nicht. Wir als Personalvertreter verlangen 12 Prozent mehr Lohn.

Metapher-Erwiderung

Sie sägen sich den Ast ab, auf dem Sie sitzen.

Der Meister, der seinen Schüler ertränkt

Einwand

Ich würde gern besser Englisch können, aber nach dem Kurs bin ich irgendwie auch nicht viel weiter.

Metapher-Erwiderung

Ein Meister wurde von seinem Schüler gefragt: „Meister, wie kann ich Erleuchtung erlangen?“ Der Meister führte seinen Schüler zum Flussufer und sagte: „Schau bitte ins Wasser.“ Plötzlich packte er seinen Schüler am Hals und drückte seinen Kopf unter Wasser. Dreißig Sekunden hielt der Schüler aus, dann begann er heftig mit den Armen zu rudern. Aber der Meister hielt ihn weiter unter Wasser. Mit aller Kraft versuchte der Schüler, nach oben zu kommen, aber die Kraft des Meisters war größer. Blasen stiegen schließlich aus dem Wasser nach oben und der ganze Fluss war aufgewühlt von dem verzweifelten Kampf des Schülers. Der Meister ließ ihn schließlich los und fragte, als er wieder bei Atem war: „Welche Gedanken hattest du, kurz bevor ich dich wieder nach oben ließ?“ Der Schüler sagte: „Ich wollte mit aller Kraft meiner Seele nur noch eins: Luft, Luft, Luft.“ – „Siehst du“, sagte der Meister, „wenn du mit derselben Kraft und Gedankenkonzentration die Erleuchtung suchst, wirst du sie erreichen.“

Kernaussage der Metapher

Sie erreichen in jeder Disziplin Meisterschaft, wenn Sie nur mit aller Kraft Ihrer Gedanken und mit aller Kraft Ihrer Seele danach streben.

Weitere Einwände, auf welche die Metapher passt

- Ich hatte als Kind eineinhalb Jahre Klavierunterricht, aber richtig spielen kann ich immer noch nicht.
- Ich wollte immer Skiabfahrtsprofi werden, aber neben meiner kaufmännischen Lehre hatte ich einfach nicht genug Zeit.
- Ich kenne einen Typen, der kommt bei Frauen derart gut an, er hat jede Woche eine andere. Irgenwie würde ich das auch gern können.

Die Sonne der Kultur

Argument

DJ Bobo kann ja so schlecht gar nicht sein. Schau dir doch mal seinen gigantischen Verkaufserfolg und seine weltweite Bekanntheit an!

Metapher-Erwiderung

Wenn die Sonne der Kultur niedrig steht, werfen auch kleine Erhebungen große Schatten.

Kernaussage der Metapher

In einer Umgebung mit niedrigem Niveau kann auch ein Mittelmäßiger großen Erfolg haben.

Oder: Der Erfolg eines Menschen in einem Meer der Mittelmäßigkeit beweist noch lange nicht seine Qualität.

Weitere Argumente, auf welche die Metapher passt

- Der Architekt kann ja so schlecht nicht sein. Sieh mal die vielen Aufträge, die er bekommt, und wie

oft er in den Medien ist (... die Sonne der Architektur ...).
- Edmund Stoiber kann ein so schlechter Redner nicht sein. Immerhin ist er Ministerpräsident von Bayern geworden (... die Sonne der Rhetorik ...).
- Unser Herr Geiger ist bestimmt kein schlechter Politiker. Er wurde ja schließlich zum Oberbürgermeister gewählt. (... die Sonne der Politik ...).

Der Goldschatz am Ende des Regenbogens

Ausage

Ich habe folgendes Aktiensystem: Am Ende des Monats kaufe ich immer die Aktien, die am Vortag einen Minustag hatten, und verkaufe immer die, die am selben Tag einen Plustag hatten. Das wirft irgendwann gigantische Gewinne ab.

Metapher-Erwiderung

Sie jagen einem Goldschatz am Ende des Regenbogens hinterher. Sie wissen weder, ob es diesen Schatz gibt, noch, ob der Regenbogen je ein Ende hat.

Kernaussage der Metapher

Niemand weiß, ob und wann eine Methode (ein System) den versprochenen Erfolg erzeugt.

Weitere Ausage, auf welche die Metapher passt

Ich kenne eine Schlafmethode, nach der macht man vier Mal pro Tag nur ein 20-Minuten-Nickerchen – und nach einem Monat braucht der Körper nur noch zwei Stunden Schlaf.

Die Stadt der Weisheit

Aussage

Die Frankfurter Buchmesse drohte damit, die Messe in Zukunft von Frankfurt nach München zu verlegen.

Metapher-Erwiderung

Die Bildung gehört in die Stadt der Weisheit und nicht in die Stadt der Weißwürste. *Der hessische Ministerpräsident Roland Koch*

Der Fisch im Teich

Aussage

Arzt: Sie haben Nierenweh? Da wollen wir mal eine Röntgenaufnahme von der Niere machen.

Metapher-Erwiderung

Stellen Sie sich einen Fischteich vor, in dem ein Fisch schwimmt. Eines Tages leiten Sie Abwasser in den Teich und am nächsten Tag schwimmt der Fisch mit dem Bauch nach oben. Wen würden Sie untersuchen, um die Ursache festzustellen, den Fisch oder das Wasser? Sehen Sie, die heutige Medizin untersucht den Fisch und nicht das Wasser. Die Niere ist das Organ, das kaputtgegangen ist. Die Ursache ist aber das sie umgebende Blut. Wenn das übersäuert ist, können Sie an der Niere so viel flicken, wie Sie wollen, das macht die Niere nicht wieder heil.

Kernaussage der Metapher

Man muss die Ursache eines Problems bekämpfen und nicht die Symptome.

Die Sehnsucht nach dem Meer

Argument

Sie müssen Ihre Mitarbeiter besser anweisen und ihnen die Aufgabe besser erklären. Dann wird's mit der Firma schon wieder.

Metapher-Erwiderung

Wenn du ein Schiff bauen willst, so trommle nicht Männer zusammen, um Holz zu beschaffen, Werkzeuge vorzubereiten, Aufgaben zu vergeben und die Arbeit einzuteilen, sondern lehre die Männer die Sehnsucht nach dem weiten endlosen Meer. *Antoine de Saint Exupéry*

Kernaussage der Metapher

Es ist besser, die Menschen mit einem höheren Ziel zu motivieren als mit konkreten Tätigkeitsanweisungen.

Die Autowerkstatt

Aussage

Herr Finanzberater, ich habe eigenständig im Internet gesurft, habe mich schlau gemacht und habe jetzt meine fertige Idee, welche Finanzanlage ich von Ihnen haben will.

Metapher-Erwiderung

Nehmen wir an, Ihre Autoscheinwerer funktionieren nicht. Sie fahren in die Autowerkstatt und sagen dem Werkstattleiter, er soll bitte die Lichtmaschine austauschen. Nach einem Tag kommt das Auto zurück, das Licht geht immer noch nicht und Sie sind sauer. Sie geben es erneut zur Reparatur und der Werkstattleiter sagt Ihnen nach einem Check, dass die Ursache nicht die Lichtmaschine war, sondern die defekte Batterie, er habe sich jedoch an Ihren Auftrag halten wollen. Eine gute Autowerkstatt untersucht das ganze Auto und repariert alles, damit das Endergebnis perfekt ist.

Genauso ist es bei den Finanzanlagen. Vertrauen Sie auf einen, der das Sachverständnis hat, für Sie das beste Endergebnis zu erreichen.

Die Familie mit dem Esel

Einwand

Nach Ihrem Vortrag vor 400 Leuten habe ich jemanden gehört, der meinte, die Übung mit der Körpersprache hätte er nicht gut gefunden. Wäre es nicht besser, Ihren Vortrag umzuarbeiten?

Metapher-Erwiderung

Ein Ehepaar und sein 12-jähriger Sohn gingen mit einem Esel auf Wanderschaft. Sie ließen den Sohn auf dem Esel reiten. Im ersten Dorf hörten sie, wie die Leute redeten: „Seht euch den Bengel an, wie schlecht er erzogen ist. Er sitzt auf dem Esel und seine armen Eltern müssen laufen." Also sagte die Frau zu ihrem Mann: „Wir werden nicht zulassen, dass die Leute schlecht über unseren Sohn reden." Der Mann holte den Jungen vom Esel und setzte sich selbst darauf. Im zweiten Dorf hörten sie die Leute Folgendes sagen: „Seht euch diesen unverschämten Mann an. Er lässt Frau und Kind laufen, während er sich vom Esel tragen lässt." Also ließen sie die Mutter auf das Lasttier steigen und Vater und Sohn führten den Esel. Im dritten Dorf hörten sie die Leute sagen: „Armer Mann! Obwohl er den ganzen Tag hart gearbeitet hat, lässt er seine Frau auf dem Esel reiten. Und das arme Kind hat mit so einer Rabenmutter sicher auch nichts zu lachen!" Also setzten sie ihre Reise zu dritt auf dem Esel fort. Im nächsten Dorf hörten sie die Leute sagen: „Das sind ja Bestien im Vergleich zu dem Tier, auf dem sie reiten. Sie werden dem armen Esel den Rücken brechen!" Also beschlossen sie, alle drei neben dem Esel herzugehen. Im nächsten Dorf trauten sie ihren Ohren nicht, als sie die Leute sagen hörten: „Schaut euch die drei Idioten mal an. Sie laufen, obwohl sie einen Esel haben, der sie tragen könnte!"

Genauso ist es mit meinem Vortrag. Wenn ich ihn ändere, nur weil einer eine Stelle kritisiert hat, wird es beim nächsten Vortrag einen anderen geben, der irgendeine andere Stelle kritisiert, und wenn ich die dann wieder ändere, wird es einen geben, der die erste Version hören will.

Kernaussage der Metapher

Es gibt keine Möglichkeit, sich so zu verhalten, dass man niemals kritisiert werden kann.

Oder: Sie müssen Ihre Methode nicht ändern, nur weil einer sie kritisiert.

Weitere Einwände, auf welche die Metapher passt

- Es mag ja sein, dass Sie nach Ihrem Seminar Standing Ovations bekommen haben, aber ich habe einen getroffen, der sagte, das Seminar fände er alten Käse.
- Ich habe einen getroffen, der sagte, die breite Glasfront an Ihrem Haus gefalle ihm nicht. Ich würde sie wegnehmen.
- Die Kleider, die Sie da anhaben, finden ich und auch meine Schwester zu dunkel. Ziehen Sie doch etwas Helleres an.

Die Steine in der Glasvase

Einwand

Ich habe keine Zeit, um Englisch zu lernen. Schau, schon allein meine Wohnung sauber zu machen und Wäsche zu waschen kostet mich so viel Zeit, dass ich zum Englischlernen einfach keine Zeit mehr übrig habe.

Metapher-Erwiderung

Ein Professor nahm im Unterricht wortlos eine sehr große Glasvase und begann, diese mit Golfbällen zu füllen. Er fragte die Studenten, ob die Vase nun voll sei. Sie bejahten es. Dann nahm der Professor ein Behältnis mit Kieselsteinen und schüttete diese in die Glasvase. Er bewegte sie sachte und die Kieselsteine rollten in die Leerräume zwischen den Golfbällen. Dann fragte er die Studenten wiederum, ob die Vase nun voll sei. Sie stimmten zu. Der Professor nahm als Nächstes eine Dose mit Sand und schüttete diesen in die Vase. Der Sand füllte noch den kleinsten verbliebenen Freiraum. Er fragte wiederum, ob die Vase nun voll sei. Die Studenten antworteten einstimmig „Ja“. Da holte der Professor zwei Gläser Wasser unter dem Tisch hervor und schüttete den ganzen Inhalt in die Vase und füllte somit den letzten Raum zwischen den Sandkörnern aus. Die Studenten waren erstaunt. Der Professor sagte: „Diese Vase ist die Repräsentation Ihres Lebens. Die Golfbälle sind die wichtigen Dinge in Ihrem Leben: Ihre Familie, Ihre Kinder, Ihre Gesundheit, Ihre Freunde, die bevorzugten, ja leidenschaftlichen Aspekte Ihres Lebens, welche – falls in Ihrem Leben alles verloren ginge und nur noch diese verbleiben würden – ihr Leben trotzdem noch erfüllten. Die Kieselsteine symbolisieren die anderen Dinge im Leben wie Ihre Arbeit, Ihr Haus, Ihr Auto. Der Sand ist alles andere, die Kleinigkeiten. Falls Sie den Sand zuerst in die Vase gäben, bliebe weder Platz für die Kieselsteine noch für die Golfbälle. Dasselbe gilt für Ihr Leben. Wenn Sie all Ihre Zeit und Energie in Kleinigkeiten investieren, werden Sie nie Platz haben für die wichtigen Dinge.

Planen Sie daher erst die großen Dinge im Leben und reservieren Sie sich dafür Zeit. Die kleinen Dinge, zum Beispiel „das Haus sauber machen“, füllen Sie in die Zeit-Zwischenräume, die ihnen zwischen den großen Aufgaben bleiben.

Kernaussage der Metapher

Reservieren Sie zuerst Zeit für die wichtigsten Dinge im Leben. Dann erst planen Sie in den verbleibenden Zeitlücken die unwichtigeren Dinge!

Weitere Einwände, auf welche die Metapher passt

- In acht von zehn Fällen anwendbar, wenn jemand sagt: „Dafür habe ich keine Zeit!“
- Ich würde schon gern anfangen zu meditieren, aber mein Job lässt mir einfach keine Zeit dazu.
- Wie soll ich denn eine Weltreise machen? Ich hab ja nicht mal Zeit für meine Freunde.

Die Bauleute der Arche Noah

Einwand

Wie will der denn was von Finanzen wissen? Der hat ja nicht einmal studiert!

Metapher-Erwiderung

Einfache Leute haben die Arche gebaut – Fachmänner die Titanic.

Der 100-Euro-Scheck

Einwand

Im Moment hab ich kein Geld für ein Auto. Man hat mir gekündigt und ich muss froh sein, wenn ich meine Miete bezahlen kann. Außerdem meiden mich inzwischen viele meiner Freunde.

Metapher-Erwiderung

Ein Sprecher startete sein Seminar, indem er einen Scheck von 100 Euro hoch hielt. In dem Raum saßen insgesamt 200 Leute. Er fragte: „Wer möchte diesen

Scheck haben?“ Alle Hände gingen hoch. Er sagte: „Ich werde diesen 100-Euro-Scheck einem von euch geben, aber zuerst lasst mich eins tun.“ Er zerknitterte den Scheck. Dann fragte er: „Möchte ihn immer noch einer haben?“ Die Hände waren immer noch alle oben. Also fragte er: „Was ist, wenn ich das tue?“ Er warf den Scheck auf den Boden und schob ihn mit seinen Schuhen über den dreckigen Untergrund. Er hob den Scheck wieder auf, er war zerknittert und völlig verdreckt. „Nun, wer möchte ihn jetzt noch haben?“ Es waren immer noch alle Arme in der Luft. Dann sagte er: „Liebe Freunde, wir haben soeben eine sehr wertvolle Lektion gelernt. Was auch immer mit dem Geld geschah, ihr wolltet es haben, weil es nie seinen Wert verloren hat. Es war immer noch und stets 100 Euro wert. – Es passiert oft in unserem Leben, dass wir zurückgestoßen, zu Boden geworfen, zerknittert und in den Dreck geschmissen werden. Das sind Tatsachen aus dem alltäglichen Leben. Dann fühlen wir uns, als seien wir wertlos. Aber egal was passiert ist oder was passieren wird, DU wirst niemals an Wert verlieren. Schmutzig oder sauber, zerknittert oder fein gebügelt, DU bist immer noch unbezahlbar für all jene, die dich über alles lieben. Der Wert deines Lebens wird nicht dadurch bestimmt, was du tust oder wen du kennst, sondern DADURCH, WER DU BIST. Jeder Mensch – und auch du – ist etwas Besonderes. Vergiss das niemals!“

Kernaussage der Metapher

Der Wert eines Menschen ist durch kein äußeres Attribut messbar.

Der Giftpfeil im Körper

Angriff

Die Stromanlage beim Kunden läuft nicht. Wer hat das wohl wieder zu verantworten?

Metapher-Erwiderung

Zu Buddha kam einmal ein Mönch, der sagte ihm: „Ich bin in der Misere, nichts klappt so, wie ich es will. Ich möchte die Erleuchtung erlangen, aber ich finde keine Ruhe und keine Zeit. Ich frage mich immer, was mich daran hindert." Buddha antwortete: „Wenn ein Giftpfeil in deinem Körper steckt, dann frag nicht, wer ihn abgeschossen hat, frag nicht nach der Bespannung des Bogens, frag nicht nach der Beschaffenheit des Pfeils ... zieh ihn raus!"

Kernaussage der Metapher

Vergeude keine Zeit mit Ursachenforschung, handle!

Der kommunistische Diktator

Argument

Was wir brauchen, ist eine drastisch reformierte Kirche.

Metapher-Erwiderung

Wenn Kim Jong Il, der koreanische Diktator, seinen Kommunismus dramatisch reformieren würde und dem Volk echte Freiheiten gäbe, dann hielte sich sein

Regime nur noch ein paar Monate, denn es machte sich selbst überflüssig.

Genauso ist es mit den Religionen. Wenn man das Christentum dramatisch reformieren würde und den Menschen die echte Freiheit der eigenen Gedanken gäbe, dann hielten sich die Religionen nur noch eine begrenzte Zeit, denn die Religion machte sich selbst überflüssig. Einen wirklich nachdenkenden Menschen kann keine Religion dulden, denn dieser braucht keine Religion mehr. *Matthias Pöhm*

Die galoppierende Kuhherde

Einwand

Es fehlen heutzutage die charismatischen Führer, die eine Bewegung anführen können.

Metapher-Erwiderung

Ich fuhr im Frühjahr an einer Kuhweide vorbei. Plötzlich sah ich die ganze Kuhherde in wildem Galopp quer über die Weide rennen. Gebannt blieb ich mit dem Auto stehen. Noch nie vorher hatte ich 30, 40 Kühe auf einmal galoppieren sehen. Ich konzentrierte mich auf diejenige Kuh, die vorneweg lief. Egal welche Wendungen und Bögen sie machte, alle anderen Kühe folgten ihr. Irgendwann kam die ganze Herde am anderen Ende der Weide langsam wieder zum Stehen. Ich hatte genau diejenige Kuh im Auge, welche die Herde angeführt hatte. Ich wollte wissen, wenn sich die Herde wieder in Bewegung setzte, ob wieder dieselbe Kuh führen würde wie vorher. Plötzlich begann die Herde sich wieder zu bewegen. Ich fixierte die Kuh, die vorneweg trabte, und ... es war NICHT dieselbe Kuh wie vorher. Und plötzlich rannte wieder die ganze Herde im rasenden Galopp quer über die Weide. Diesmal liefen alle hinter der anderen Kuh her.

Und so ist es auch mit den Menschen. Es braucht nur einen Menschen, der den Mut hat, aus der Herde herauszutreten und zu sagen „Folgt mir“ – und alle anderen werden ihm bereitwillig folgen. *Matthias Pöhm*

Der nicht losgelassene Pfeil

Aussage

Ich rufe meine Christine jeden Tag an und treffen könnte ich sie auch täglich. Aber irgendwie kann ich sie trotzdem nicht erobern.

Metapher-Erwiderung

Wenn du eine Frau zu sehr begehrst, wirst du sie nicht bekommen. Stell dir einen Bogen vor, in dem ein Pfeil gespannt ist. Solange du den Pfeil festhältst, kann er sein Ziel nicht treffen. Erst wenn du die Sehne loslässt, wird der Pfeil abgeschossen.

Genauso ist es mit der Frau. Nimm innerlich Abstand von ihr, lass sie los, nur dann kann der Pfeil der Liebe fliegen.

Das Pendel

Argument

Die Menschen in der Ex-DDR haben direkt nach der Wende nur westliche Waren gekauft. Das wird auch so bleiben.

Metapher-Erwiderung

Das Pendel geht immer in die andere Richtung, sobald es losgelassen wird. Wenn es aber am anderen Extrem angekommen ist, geht es wieder zurück. *Matthias Pöhm*

Kernaussage der Metapher

Jede Mode und Stimmung wechselt zwischen den Extremen hin und her.

Weitere Argumente, auf welche die Metapher passt

- Ich hatte ein strenges katholisches Elternhaus. Heute mache ich das Gegenteil von dem, was mir meine Eltern beibringen wollten.
- Ich kann die Siebziger-Jahre-Hosen nicht mehr ausstehen, ich trage wieder die Röhren-Jeans.

Die Spaghetti an der Wand

Argument

Machen Sie dem Prozessgegner nur genügend Vorwürfe, irgendeiner wird schon zutreffen.

Metapher-Erwiderung

Das ist das Prinzip: Werfen Sie nur genügend Spaghetti an die Wand, einige Nudeln werden schon hängen bleiben.

Kernaussage der Metapher

Die Methode ist wahllos. Gemessen am Aufwand ist das Ergebnis zu klein.

Oder: Mit klugem, gezieltem Einsatz der Mittel wird das Endergebnis besser.

Weitere Argumente, auf welche die Metapher passt

- Wenn Sie Vitaminpräparate schlucken, ist es nicht wichtig, wann und in welchen Mengen Sie das machen. Irgendwie hilft das immer.
- Wenn Sie keine Ahnung von Russisch (Buchhaltung ...) haben, dann lesen Sie ein Buch, irgendetwas wird schon hängen bleiben.
- Wenn du als Mann genügend Frauen ansprichst, gibt es irgendwann irgendeine, bei der du landen kannst.

Der Soßenfleck auf der Weste

Aussage

Wenn jemand während der Sitzung schlecht über Sie redet, dann antworten Sie nicht gleich, sondern warten auf die nächste Sitzung. Dann haben Sie Zeit, sich eine gute Antwort zu überlegen, und dann reden Sie noch mal mit ihm.

Metapher-Erwiderung

Die Soße auf der Weste müssen Sie sofort entfernen. Wenn sie erst einmal eingetrocknet ist, bleibt sie haften und Sie müssen sehr viel Energie aufwenden, um die Weste wieder reinzuwaschen.

So ist es auch mit dem schlechten Reden. Der Eindruck, den die Leute im Meeting von Ihnen bekommen, wenn Sie schweigen, der wird nur dann weggewaschen, wenn Sie unmittelbar reagieren und nicht erst auf die nächste Sitzung warten. *Matthias Pöhm*

Kernaussage der Metapher

Reagieren Sie sofort, wenn Sie jemand öffentlich schlechtmacht, sonst ist der schlechte Eindruck schwer wiedergutzumachen.

Die intuitiv angewandten Grammatikregeln

Einwand

Schlagfertigkeit kann man nicht lernen. Das ist reine Intuition. Entweder man hat es oder man hat es nicht.

Metapher-Erwiderung

Schlagfertigkeit ist wie die Grammatik der deutschen Sprache. Die Deutschsprachigen wenden die Grammatikregeln beim Sprechen intuitiv korrekt an, machen sich aber keine Gedanken über die Regeln.

Vor circa 400 Jahren hat jemand die deutsche Sprache angeschaut, hat die ihr zugrunde liegenden Regeln aufgeschrieben und die erste deutsche Grammatik erstellt. Und seit dieser Zeit ist Deutsch für Ausländer lernbar geworden.

Dasselbe gilt auch für die Schlagfertigkeit. Schlagfertige Menschen machen sich keine Gedanken um Regeln, aber wenn man die Antworten anschaut, kann man Regeln erkennen, die schlagfertigen Menschen nicht bewusst sind, die sie aber unbewusst anwenden. Deshalb kann man Schlagfertigkeit systematisch lernen, wenn man die Regeln, die ihr zugrunde liegen, aufgeschrieben sieht. *Matthias Pöhm*

Das Auto mit Unfallschaden

Einwand

Auch wenn jemand verheiratet war, ist sein Marktwert für eine neue Beziehung unverändert.

Metapher-Erwiderung

Wenn jemand schon mal verheiratet war, ist das in etwa so, als ob Sie ein Auto kaufen und erfahren hintenrum, dass das Auto schon mal einen Unfallschaden hatte. *Matthias Pöhm*

Oder: Das ist dasselbe, wie wenn Sie jemanden in der Firma einstellen wollen und er sagt Ihnen, dass er schon einmal im Knast gewesen ist. *Matthias Pöhm*

Die Mars-Männer und die Venus-Frauen

Einwand

Mein Mann versteht mich nicht, wenn ich ihm von einem Problem erzählen will.

Metapher-Erwiderung

Vor langer, langer Zeit lebten alle Männer auf dem Mars und alle Frauen auf der Venus. Der Mars war voller Höhlen. Wenn ein Mann auf dem Mars ein Problem hatte, dann verzog er sich in seine Höhle und alle anderen Marsianer wussten, dass ihn niemand in seiner Höhle stören durfte. Für Männer war ein Problem etwas, das man löst ... und zwar möglichst alleine. Und erst wenn er es gelöst hatte, kam der Mann wieder aus seiner Höhle. Auf der Venus gab's keine Höhlen, die Venus war flach. Für eine Venusbewohnerin war ein Problem etwas, worüber man redet. Bei den Venusianerinnen durfte man jemanden, der ein Problem hatte, gar nicht alleine lassen. Es ging den Venusbewohnerinnen auch nicht darum, das Problem zu lösen, sondern nur darum, sich darüber auszutauschen. Eines Tages haben die Männer die Frauen durchs Fernrohr entdeckt, haben Raketen gebaut, sind auf die Venus geflogen und haben sich kennengelernt. Man kam hervorragend miteinander aus. Jeder wusste, dass der andere ein Außerirdischer ist, der von einem anderen Planeten kommt, der eine andere Erfahrung hat und andere Verhaltensweisen. Dann sind beide eines Tages zusammen auf die Erde gezogen und nach einigen Generationen geriet in Vergessenheit, dass man eigentlich von einem anderen Stern kommt. *John Gray*

Der Mensch mit dem Fahrrad

Einwand

Ich brauche keinen Computer, ich komm auch ohne ihn zurecht.

Metapher-Erwiderung

Der Hitparadenerste aller Lebewesen auf der Erde, der mit dem geringsten Energieaufwand am weitesten kommt, ist der Adler. Der Mensch liegt bei dieser Messung weit abgeschlagen auf den mittleren Plätzen. Misst man allerdings den Energieaufwand des Menschen, wenn er sich mit einem Fahrrad bewegt, so schlägt er den Adler um Längen. Der Computer ist das Fahrrad für unser Hirn. *Steve Jobbs, Gründer von Apple*

Der Wasserhahn

Argument

Die Maschine muss schnell fertig werden, beeilen Sie sich ein bisschen.

Metapher-Erwiderung

Stellen Sie sich vor, Sie haben einen Wasserhahn. Direkt darunter stellen Sie eine Flasche. Sie drehen den Wasserhahn leicht auf und lassen das Wasser langsam hineinlaufen. Viele denken, dass die Flasche schneller voll wird, wenn Sie den Wasserhahn voll aufdrehen. Dann kommt zwar mehr aus dem Hahn, aber der Druck des Wasserstrahls blockiert plötzlich die Öffnung und nur noch ein Viertel der Menge fließt in die Flasche, der Rest spritzt über den Rand hinweg. Sie brauchen im Endeffekt viel länger, um die Flasche zu füllen, als mit dem langsam fließenden Wasser.

Genauso ist es mit Ihren zu erledigenden Tätigkeiten. Wenn Sie es eilig haben, müssen Sie es bewusst langsam, ohne Sturm und Druck tun. Mit Druck geht einiges schief, dessen Korrektur Sie dann wieder mehr Zeit kostet. Wenn Sie sich beeilen, sparen Sie unterm Strich keine Zeit. *Matthias Pöhm*

Kernaussage der Metapher

Wenn ein Projekt schnell fertig werden soll, lassen Sie sich bewusst Zeit.

Weitere Argumente, auf welche die Metapher passt

- Einsetzbar jedes Mal, wenn jemand sagt: „Beeilen Sie sich!“
- Das Auto muss schnell wieder zum Kunden zurück. Beeilen Sie sich mit der Reparatur.
- Sie lassen sich viel zu viel Zeit, um dieses Bild zu restaurieren.

Die Affen und der Videorekorder

Frage

Wie entstehen eigentlich die Gedanken?

Metapher-Erwiderung

Bei einem Versuch in den USA wurde Affen beigebracht, einen Videorekorder zu bedienen. Man zeigte ihnen einen Affenvideo und die Affen hatten diebische Freude daran. Tatsächlich lernten die Affen, die Kassette einzuschieben – Stop und Play zu drücken. Eines Tages war der Videorekorder kaputt. Man nahm den Rekorder aus dem Käfig und untersuchte ihn. Die Ursache war ein defekter Bildknopf, der eine Überspannung abbekommen hatte. Jetzt versuchen Sie in Gedanken bitte den Affen zu erklären, was die wirkliche Ursache für den kaputten Videorekorder war. Sie kämen gar nicht auf die Idee, so etwas zu versuchen. Ihr Begriffsvermögen ist dazu nicht in der Lage. Nicht annähernd wird ihrem Verstand klar, was „tatsächlich" ist. So ist es auch mit den Menschen, wenn sie die Welt hinter der Welt verstehen wollen. Wir registrieren ein paar Auswirkungen – wir können lernen, Knöpfe zu drücken, aber das Verstehen liegt jenseits dessen, zu dem wir fähig sind. Wir sind die Affen, die versuchen, einen Videorekorder zu bedienen. *Matthias Pöhm*

Kernaussage der Metapher

Für die letzten Fragen der Menschheit reicht unser Verstand nicht aus.

Weitere Fragen, auf welche die Metapher passt

- Was ist außerhalb des Universums?
- Was bleibt von uns übrig, wenn wir tot sind?
- Wie entsteht das physische Leben?

Die Geisterbahn im Jahr 2065

Aussage

Das Leben ist hart, ich habe viele Probleme.

Metapher-Erwiderung

Stellen Sie sich vor, es ist drei Jahre vor Ihrem Tod. Sagen wir im Jahr 2065. Das Oktoberfest gibt es immer noch. Diesmal ist seit Monaten in der Presse „Die Sensation" angekündigt: die abgefahrenste und technisch nicht zu überbietende Geisterbahn der Welt. Es ist keine Geisterbahn mit Puppen, sondern Sie sind in der Lage, mit Hologrammen Menschen, Tiere und Gegenstände derart echt nachzubilden, dass Sie die Ergebnisse nicht mehr von echten Menschen, Tieren und Gegenständen unterscheiden können. Jetzt läuft da aber nicht irgendein Programm ab, sondern es sind Millionen von kleinen Programm-Modulen abgespeichert. Und ähnlich wie bei einem Schachspiel mit 16 Figuren, bei dem in der Kombination kein einziger Spielverlauf einem anderen gleicht, ist es auch bei dieser Geisterbahn: Keiner erlebt dasselbe wie der andere. Jetzt kommt aber der absolute Hammer! Bevor Sie in die Geisterbahn gehen, werden einige Daten von Ihnen abgefragt: Geburtsdatum, Umzüge, Berufsausbildung, Unfälle, Krankheiten ... Dann werden Sie in eine Art Maschine gestellt, die alle Ihre biometrischen Daten einscannt. Da werden Ihre Handlinien eingelesen, Ihr Ohr wird eingescannt, Ihre Iris vom Auge abgetastet. Da wird eine Handlinienanalyse gemacht, eine Ohranalyse, eine graphologische Analyse ... Aufgrund der Daten kann der Computer Charaktermerkmale von Ihnen mit einer kaum überbietbaren Wahrscheinlichkeit errechnen. Jetzt geht's aber noch weiter. Sie werden kurz an Sensoren angeschlossen und die messen ihre Energieströme im Körper. Man ist in diesem Jahr 2065 medizinisch bereits in der Lage, Blockadepunkte in Ihrem Körper auf den Millimeter genau zu lokalisieren. Man weiß bis dahin: Der Körper speichert alle Informationen Ihres bisher erlebten Lebens. Schlägt Ihnen was auf den Magen und Sie haben Magenbeschwerden, so findet der Computer das sofort. Hatten Sie einen Unfall mit Beinbruch, so findet er auch das sofort, und daraus errechnet er die biographischen Eckdaten Ihres Lebens. Er errechnet, was Ihnen bis jetzt wahrscheinlich alles passiert ist und in welchen psychologischen Lebensumständen Sie leben.

Und jetzt kommt der Oberhammer! Aus all diesen Daten wird der Computer jetzt ein Geisterbahnprogramm für Ihre persönlichen Eckdaten erstellen. Da wird nicht nur Horror erlebt, sondern es gibt auch wunderschöne, traumhafte Dinge. Weil der Computer weiß, was Sie als Traum und was Sie als Horror empfinden. Alles ist so nah an Ihrem echten Leben, dass sie echte Tränen vergießen, echte Euphorie empfinden.

Diese Geisterbahn ist das Abgefahrenste vom Abgefahrenen. Die Leute stehen kilometerweit Schlange. Es gibt viele, die sind bereits süchtig. Jetzt stellen Sie sich vor, Sie waren für eine Stunde in dieser Geisterbahn. Wenn Sie zurückkommen, fragen Ihre Kollegen Sie: „Und wie war der Trip?"

Genau das ist die Frage, die man Ihnen stellt, wenn Sie sterben. Die Kumpels da oben fragen: Und wie war der Trip? Das LEBEN hier ist diese Geisterbahn. Sie dauert nicht eine Stunde, sondern Ihr ganzes Leben. Aber es ist nicht die reale Welt. Alles ist für Sie gemacht. Es ist Illusion. Erst wenn Sie drüben sind, werden Sie es erkennen. Wenn Sie es jetzt schon erkennen, wird Ihr Leben einfacher.
Matthias Pöhm

Das Trapez

Einwand

Ich traue mich nicht, von daheim auszuziehen. Wie soll ich denn mein Leben ohne Eltern in den Griff kriegen?

Metapher-Erwiderung

Das Leben ist wie eine Reihe von Trapezschwüngen. Sie müssen die alte Stange loslassen, noch bevor Sie die neue erreichst haben. Sie können die neue Stange niemals erreichen, wenn Sie die alte nicht losgelassen haben. Wenn Sie das nicht tun, werden Sie ewig an der Stange hin- und herschwingen.

Kernaussage der Metapher

Man muss das eine loslassen, um etwas Neues anfangen zu können.

Oder: Wer zwei Dinge gleichzeitig machen will, wird keines erreichen.

Weitere Einwände, auf welche die Metapher passt

- Ich kann meinen Freund nach der Trennung einfach nicht vergessen.
- Ich kann doch nicht einfach meinen alten Beruf an den Nagel hängen. Überleg doch mal: Vier Jahre Studium und acht Jahre Berufserfahrung wären dann ja ganz umsonst gewesen.

Der Hirte mit der Wetterprognose

Aussage

Jetzt ist mir der Bus vor der Nase weggefahren. So ein Ärger!

Metapher-Erwiderung

Ein Wanderer trifft eines Tages auf einen Hirten. Er fragt den Hirten: „Weißt du, wie das Wetter heute Nachmittag sein wird?“ Der Hirte: „Genau so, wie ich es liebe.“ Der Wanderer: „Wie weißt du, dass das Wetter sonnig wird?“ Der Hirte sagt: „Ich habe nicht gesagt, dass das Wetter sonnig wird. Denn eins habe ich gelernt: Ich bekomme nicht immer, was ich mir wünsche, aber ich kann immer lieben, was ich bekomme.“

Kernaussage der Metapher

Egal was einem zustößt, es ist weder gut noch schlecht. Man kann immer entscheiden, es zu lieben.

Weitere Ausagen, auf welche die Metapher passt

- Gestern hatte ich einen Autounfall. Ich habe aber auch ein Pech!
- Jetzt habe ich ein Haus gekauft und danach bemerkt, dass das Haus nur die Hälfte wert ist.
- Ich liege mit Grippe im Bett. Dabei hatte ich diese Woche doch so viel vor.

Die Mutter mit drei Kindern

Einwand

Du sagst mir „Ich liebe dich“, aber das sagst du auch zu anderen Frauen.

Metapher-Erwiderung

Stellen Sie sich vor, eine Mutter hat drei Kinder. Zwei Jahre, drei Jahre und fünf Jahre alt. Eines Tages sagt sie zum Ältesten: „Mein Kind, ich liebe dich.“ Ist die Liebe für dieses eine Kind weniger wertvoll, nur weil sie es den anderen Kindern auch sagt? *Matthias Pöhm*

Der Trabbi

Aussage

Wir haben hier ein verstimmtes Klavier, Sie sind doch Pianist. Könnten Sie uns was Schönes vorspielen?

Metapher-Erwiderung

Das ist so, als ob Sie Michael Schumacher am Nürburgring einen Trabbi geben und sagen: Du bist doch ein guter Fahrer, zeig mal, was du kannst! *Matthias Pöhm*

Kernaussage der Metapher

Man braucht gutes Arbeitsmaterial, um gute Leistungen zu bringen.

Weitere Aussagen, auf welche die Metapher passt

- Sie sind als guter Polier bekannt. Hier haben wir eine Kaufhaus-Bohrmaschine, zeigen Sie mal, was Sie können.
- Das will ein Profi-Grafiker sein? Dass ich nicht lache! Wir haben ihn gebeten, mit dem Grafikprogramm auf dem Computer meines Sohns einen Prospekt zu entwerfen. Der Prospekt, den er damit gemacht hat, war dürftig.

Die narkotisierten Menschen

Der konservative Bischof Johannes Dyba, Bischof von Fulda, sprach sich gegen Abtreibung aus. Ein Mitarbeiter:

Einwand

Du operierst die Menschen ohne Narkose.

Metapher-Erwiderung

Ihr narkotisiert die Menschen, aber ihr operiert sie nicht. *Bischof Dyba*

Die Perle in der Muschel

Aussage

Unter unseren neuen Multilevel-Kandidaten gibt es so viele, in die ich viel Energie und Arbeit investiere, aber nach ein paar Monaten hören die meisten wieder auf.

Metapher-Erwiderung

Man hat bei Perlentauchern untersucht, warum ein kleiner Teil der Perlentaucher wesentlich mehr Perlen findet als die anderen. Das Ergebnis sah so aus: Der normale Perlentaucher sieht eine Muschel am Meeresgrund, schwimmt auf sie zu und hebelt sie mühsam auf. Jede Muschel, die er findet, wird geöffnet. Am Abend hat so ein Perlentaucher nur circa zwei Perlen in seinem Korb. Die besten Perlentaucher machen es anders: Sie schauen die Muschel nur von Weitem an. Sie haben einen intuitiven Blick dafür entwickelt, ob eine Perle in der Muschel ist oder nicht. Sie bearbeiten nur diejenigen, bei denen ihnen ihr Instinkt sagt, dass dort eine Perle drin sein könnte. Die Perlentaucher mit dieser Strategie haben am Abend durchschnittlich 12 Perlen im Korb. Sechsmal mehr als die normalen Perlentaucher

So ist es auch bei neuen Kandidaten. Je früher Sie einen Kandidaten loslassen, in dem Sie keine Perle vermuten, desto häufiger werden Sie Perlen finden. Konzentrieren Sie Ihre Energie auf die Kandidaten, bei denen Sie echte Talente erkennen und lassen gnadenlos los, sobald Sie merken, dass jemand kein oder wenig Talent hat. *Matthias Pöhm*

Kernaussage der Metapher

Stecken Sie nur Energie in ein Projekt, bei dem die Chance auf Erfolg groß ist.

Oder: Lassen Sie ein nicht aussichtsreiches Projekt lieber los, bevor Sie Arbeit hineinstecken.

Die Rolltreppe

Einwand

Ich habe jetzt genug Fortbildungskurse gemacht. Jetzt höre ich auf damit.

Metapher-Erwiderung

Das Leben ist wie eine nach unten fahrende Rolltreppe, bei der man gegen die Fahrtrichtung nach oben rennt. Wenn man stehen bleibt, fällt man wieder zurück.

Kernaussage der Metapher

Wer sich nicht weiterentwickelt, fällt zurück.

Die schlechte Melodie

Einwand

Wenn man den in Armut lebenden Afrikanern Nahrungsmittel gibt, dann ist das falsch. Sie geraten dadurch nur in weitere Abhängigkeit.

Metapher-Erwiderung

Ein Musiker spielt eine selbst komponierte Melodie auf der Geige. Ein Zuhörer sagt, dass die Melodie wunderschön sei, und ein anderer sagt, dass die Melodie nicht gut sei. Wer hat recht? Menschliches Verhalten zu beurteilen ist wie eine Melodie zu beurteilen. Es gibt kein Richtig oder Falsch, kein Schlecht oder Gut, kein Gut oder Böse. Sondern nur: Mir gefällt's oder mir gefällt's nicht. Und Sie können sicher sein, einem anderen gefällt, was Ihnen NICHT gefällt. Das ist Beweis für nichts. *Matthias Pöhm*

Kernaussage der Metapher

Es gibt kein richtiges oder falsches Verhalten. Es gibt nur Gefallen oder Nicht-Gefallen.

Weitere Einwände, auf welche die Metapher passt

- Ihr Vortragsstil ist nicht der beste.
- Die Leitzinsen jetzt zu erhöhen ist nicht gut.
- Er hat einen herrischen Führungsstil. Das ist falsch.

Das Huhn und der Adler

Einwand

Mein Vater hat mir gesagt: Schuster, bleib bei deinem Leisten. Du wirst niemals ein berühmter Musiker werden.

Metapher-Erwiderung

Ein Mann findet bei einem Spaziergang das Ei eines Adlers. Er nimmt es mit nach Hause und legt es zu den Eiern einer Henne. Das Adlerei wird von der Henne ausgebrütet und das Adlerjunge wächst bei den Hühnern auf. Sie sagen ihm: Ein Huhn pickt nur am Boden und kann höchstens zehn Meter hoch fliegen – dann stürzt es ab. Der kleine Adler geht in den Hühnerkindergarten, in die Hühnerschule und in die Hühneruniversität und überall lernt er, was ein Huhn kann und was nicht. Eines Tages sieht er am Himmel einen Adler majestätisch kreisen und er fragt ein Huhn, was für ein edles, erhabenes Tier das sei. Das Huhn sagt ihm: „Das ist der König der Lüfte, der alles beherrscht, der sich mit seinen Flügeln überall hinbewegen kann und der alles überblickt." Der kleine Adler fragt: „Warum können wir nicht auch so sein wie dieser Adler?" Das Huhn lacht und sagt: „Wir sind doch nur Hühner. Hühner können nur zehn Meter hoch fliegen und dann stürzen sie ab. Wir ernähren uns nur von Körnern und Würmern, er aber kann alle große Tiere aus der Luft jagen." Der junge Adler, der sich für ein Huhn hält, begnügt sich mit dieser Antwort und stirbt eines Tages in dem Glauben, eine Huhn zu sein.

Wir alle sind Adler und wir können durch die Lüfte fliegen. Eltern, Schule, Kirche und Gesellschaft wollen uns weismachen, dass wir Hühner seien, die nicht fliegen können. Wenn Sie ein berühmter Musiker werden wollen, dann können Sie das auch. Denn Sie sind ein Adler!

Die Hilti-Bohrmaschine

Einwand

Bei der Konkurrenz ist Ihr Produkt aber billiger.

Metapher-Erwiderung

Wenn Sie im Baugewerbe arbeiten, dann wissen Sie, dass dort alle Profis eine bestimmte Bohrmaschine einsetzen: die Bohrmaschine der Firma Hilti. Mit dieser Bohrmaschine können Sie Betondecken wie Butter durchbohren. Solche Maschinen haben eine Dauerbelastbarkeit von zehn Stunden, ohne dass sie heißlaufen. Eine Hilti-Bohrmaschine kostet aber

1.500 Euro. Stellen Sie sich vor, ein Bauvorarbeiter ist Neuling und er kommt im Obi-Baumarkt zufällig in die Bohrmaschinenabteilung und sieht dort eine Bohrmaschine für 130 Euro. Glauben Sie, er spart Geld, wenn er diese Heimwerker-Bohrmaschine für den Bau kauft? Genauso ist es auch mit Ihrem Produkt. *Matthias Pöhm*

Kernaussage der Metapher

Das billigere Angebot kostet unterm Strich letztendlich trotzdem mehr.

Das alte Wasserrohrsystem

Einwand

In unserer Firma geht alles drunter und drüber, alles ist chaotisch und unorganisiert. Früher war das besser. Die Restrukturierung war ein Fehler.

Metapher-Erwiderung

Stellen Sie sich vor, Sie haben ein altes Haus, in dem aus allen Wasserhähnen nur noch ein dünner Wasserstrahl herausrinnt. Eines Tages erkennen Sie die Ursache: Das ganze Wasserrohrsystem ist verkalkt und deswegen kommt überall nur noch ein dünnes Rinnsaal aus den Wasserhähnen. Sie beschließen, das komplette Wasserrohrsystem im Haus auszutauschen. Während des Umbaus müssen sich alle Bewohner auf ein eingeschränktes Leben einrichten. Alles wird umständlicher, auf vieles muss verzichtet werden, einfache Tätigkeiten wie Putzen, Duschen und Kochen dauern länger. Jeder muss sich neu organisieren und jeder muss dem anderen helfen.

Vieles ist improvisiert und es sieht im ganzen Haus chaotisch aus. Aber am Ende, wenn die Umbauarbeiten fertig sind, profitieren alle von dem neuen System. Das frische Wasser fließt wieder aus allen Rohren in Hülle und Fülle.

Genauso ist es in unserer Firma. Die Erträge sind schon seit langer Zeit nicht mehr richtig geflossen. Wir müssen vieles in der Firma umbauen. In dieser Zeit haben alle unsere Mitarbeiter Einschränkungen in Kauf zu nehmen. Jeder muss sich neu organisieren und jeder muss dem anderen helfen. Vieles ist improvisiert und es sieht chaotisch aus. Alle müssen mehr und länger arbeiten. Aber wenn die Umbauarbeiten fertig sind, haben wir ein gesundes System, mit dem die Gewinne wieder sprudeln werden. *Matthias Pöhm*

Kernaussage der Metapher

Die Umorganisation eines Systems bringt während der Umbauphase zwar Mehrarbeit und Chaos, dafür hat man aber danach bessere Ergebnisse.

Das Eheberatungsgespäch

Aussage

Der Vortrag über Networking war gut. Der Referent ist zwar selbst kein erfolgreicher Networker, aber er hat interessante Aspekte gebracht.

Metapher-Erwiderung

Das ist in etwa so wie das katholische Eheberatungsgespäch. Sie haben weder Erfahrung noch Ahnung von der Ehe, wollen aber Ratschläge geben.

Die Garage mit dem Schild

Aussage

Man muss doch nur aufmerksam alle 35 Dateinamen anschauen, um dann die richtige Dateivorlage auszuwählen. Ich kann doch von meinen Mitarbeitern verlangen, dass sie sich auf die Sache konzentrieren.

Metapher-Erwiderung

Stellen Sie sich vor, Sie haben eine riesengroße, breite Garage. In diese Garage passen 20 Autos, aber nur wenn man sie dort längs einparkt, nicht aber seitwärts. Jetzt haben Sie zwei Möglichkeiten, das zu erreichen. Die erste: Sie hängen ein großes Schild auf mit dem Appell: „Auto bitte immer nur längs einparken“. Oder aber die zweite Möglichkeit: Sie bauen die Garage so um, dass man nur längs einparken kann.

Genauso verhält es sich mit den Dateien. Wenn Sie an Ihre Mitarbeiter appellieren, dass sie doch bitte 35 Dateinamen konzentriert anschauen sollen, um dann die richtige Dateivorlage auszuwählen, dann ist das so, als hingen Sie ein Schild in die Garage. Wenn wir aber im Büro ein Formular kreieren, in dem man nur sechs Fragen im Multiple-Choice-Verfahren ankreuzen muss und aus dem sich dann eindeutig eine zu wählende Dateivorlage ablesen lässt, dann haben wir die Garage so gebaut, dass man nur in der richtigen Richtung einparken kann.
Claudia Huber, VIP-Co-Trainerin

Kernaussage der Metapher

Es ist besser, ein System vorzugeben, das gar kein anderes Vorgehen mehr erlaubt, anstatt zu appellieren und fruchtlose Sonntagsreden zu halten.

Weitere Aussagen, auf welche die Metapher passt

- Wir machen schon seit acht Jahren eine Kampagne, die alle in unserer Bank auffordert, die Frauen vermehrt zu fördern.
- Wir sagen unseren Kundenberatern schon seit Ewigkeiten, sie sollen den Kunden viel mehr reden lassen, als selbst zu reden. Aber das fruchtet irgendwie nicht.

Die dressierte Katze

Aussage

Mein Freund will sicher nicht ins Oben-ohne-Lokal gehen. Weil er mich liebt, will er nur meine Brüste sehen.

Metapher-Erwiderung

Es gibt einen amerikanischen Tierdompteur, der Tiere für die Filmindustrie dressiert. Der hat es geschafft, eine Katze so zu dressieren, dass sie ohne die geringsten Probleme mit einer Maus zusammen sein kann, ohne sie zu jagen. Die Katze hat über Belohnung und Strafe gelernt, dass sie die Maus nicht mehr jagen darf. Es gibt ein berühmtes Foto, auf dem diese Maus auf einem Wollknäuel sitzt und keck in das Gesicht der vor ihr sitzenden verdatterten Katze schaut. Diese Katze jagt zwar keine Mäuse mehr, aber sie hat sich von ihrer Natur her nicht geändert. Sie stellt etwas dar, um geliebt zu werden, und sie wird geliebt – für die Darstellung.

So ist es auch mit den Männern. Das ganze gesittete Verhalten, das die meisten Männer in Beziehungen an den Tag legen, repräsentiert nur eine mühsame Verstellung ihrer Natur – unterbewusst über Belohnung und Strafe eingefordert von den Frauen, denen diese Dressur gar nicht bewusst ist. Die Männer spielen, sie seien treu und bedürfnislos. Im Wesen sind sie aber die Mäuse jagende Katze geblieben. Den Frauen wird eine Scheinwelt vorgespielt und sie kommen gar nicht darauf, dass dieses Theater was mit ihnen zu tun hätte. *Matthias Pöhm*

Kernaussage der Metapher

Das über Belohnung und Strafe antrainierte Verhalten eines Menschen ändert noch nicht seine Natur, sondern bleibt Dressur.

Weitere Aussagen, auf welche die Metapher passt

- Mein Mann liest den Playboy nicht. Der hat so etwas nicht nötig.
- Mein Partner liebt mich über alles. Deswegen würde der niemals übers Internet eine neue Frau kennenlernen wollen.

Das Lieblingsessen

Einwand

Der Kunde am Telefon: „Einen Termin können Sie nicht bei mir bekommen. Aber schicken Sie mir doch die Unterlagen für Ihr Softwareprogramm, ich schau's mir dann an!"

Metapher-Erwiderung

Herr Kunde, welches ist Ihr Lieblingsessen?
„Kalbsschnitzel Stroganoff."

Stellen Sie sich vor, Sie wollten einem Freund etwas Gutes tun und ihn in den Genuss des besten Essens der Welt kommen lassen: Kalbsschnitzel Stroganoff! Sie laden ihn fürs Wochenende ein und bereiten alles vor. Am Nachmittag aber ruft er Sie an und sagt: „Ich kann nicht kommen. Schick mir aber das Rezept zu, ich schau's mir dann an." Glauben Sie, Ihr Freund erfährt jemals, was ihm Gutes entgangen ist?

So ist es auch mit den Unterlagen für das Softwareprogramm. Nur wenn Sie es vor Ort direkt erleben, können Sie ermessen, was Ihnen an Gutem entgeht. An welchem Tag in der nächsten Woche geht es denn gar nicht bei Ihnen? *Matthias Pöhm*

Kernaussage der Metapher

Mit Schriftlichem kann man die wahre Wirkung nicht erleben.

Weitere Einwände, auf welche die Metapher passt

- Ich kann nicht ins Seminar kommen, aber schicken Sie mir das Handout zu.
- Ihren Kinofilm kann ich mir leider nicht anschauen. Aber schicken Sie mir doch eine Kurzzusammenfassung.

Eine ähnliche Möglichkeit, auf solche Art Einwände zu reagieren, ist die Frage nach dem „Lieblingskonzert".

Das Lieblingskonzert

Herr Kunde, welches ist Ihre Lieblingsmusik? Klassik oder Pop?

„Klassische Symphonien mit dem Dirigenten Justus Frantz."

Stellen Sie sich vor, Sie wollen dieses Klassikkonzert mit Justus Frantz besuchen, bekommen jedoch plötzlich eine Absage, weil es ausverkauft ist. Aber man verspricht Ihnen: „Wir schicken Ihnen als Ersatz die Noten, Sie können sich das Konzert dann in der Partitur anschauen." Glauben Sie, Sie könnten so jemals ermessen, was Ihnen an Gutem entgegangen ist?

So ist es auch mit den Unterlagen für das Softwareprogramm. Nur wenn Sie es vor Ort direkt erleben, können Sie begreifen, was Ihnen an Gutem entgeht. An welchem Tag in der nächster Woche geht es denn gar nicht bei Ihnen? *Matthias Pöhm*

Der Hund, der etwas falsch macht

Einwand

Herr Trainer, warum unterbrechen Sie den Redner immer bei der Rede? Das bringt ihn doch ganz durcheinander.

Metapher-Erwiderung

Wenn ein Hund etwas gemacht hat, was er nicht hätte tun dürfen: Wie viel Zeit darf vergehen, um dem Hund klarzumachen, dass es falsch war?

„Keine!"

Sehen Sie, so ist es auch beim Menschen. Der Mensch lernt dann am meisten, wenn man ihn sofort auf den Fehler aufmerksam macht. *Matthias Pöhm*

Kernaussage der Metapher

Es ist besser, jemanden bei Fehlern, die er macht, sofort zu unterbrechen, anstatt zu warten.

Der Steinmetz

Einwand

Die Tradition der Frauenbeschneidung ist zu tief verwurzelt. Selbst nach drei Jahren Aufklärungskampagne hat sich noch fast nichts verändert. Ich glaube, die Kampagne kann man abbrechen.

Metapher-Erwiderung

Wenn ein Steinmetz einen Steinquader an einer bestimmten Stelle auseinanderschlagen möchte, dann zieht er einen Strich an genau der Stelle, an der der Stein auseinanderbrechen soll. Dann nimmt er einen Hammer und einen Meißel und haut einmal entlang dem Strich. Er haut ein zweites Mal und ein drittes Mal – nichts bewegt sich. Er haut zehnmal auf immer dieselbe Stelle – es ist keine sichtbare Veränderung an dem Stein zu erkennen. Er haut hundertmal auf immer dieselbe Stelle – keine sichtbare Veränderung. Erst nach dem zweihundertsten, vielleicht sogar erst nach dem dreihundertsten Schlag auf immer dieselbe Stelle macht es plötzlich „wumm" und der Stein bricht exakt an der Stelle, auf die der Steinmetz vorher scheinbar sinnlos dreihundertmal geschlagen hatte.

So ist es auch mit der Tradition der Frauenbeschneidung. Sie ist noch nicht gebrochen. Aber wir sind nur wenige Schläge vor dem Durchbruch.

Kernaussage der Metapher

Erfolg kommt durch Hartnäckigkeit und durch Dranbleiben, auch wenn man nicht sofort Ergebnisse sieht.

Weitere Einwände, auf welche die Metapher passt

- Christian, von der Frau würde ich die Finger lassen. Wenn nach dem dritten Treffen nichts gelaufen ist, dann wird das eh nichts mehr.
- Herr Hansen, Ihre Lobby-Arbeit in Berlin bringt nichts. Sie sind jetzt zwei Jahre vor Ort, aber wir haben noch kein Gesetz durchgebracht, das die Handschrift unseres Verbandes trägt.
- Ich gehe jetzt schon drei Wochen am Stück ins Fitness-Studio. Ich glaube, ich gebe auf. Ich sehe immer noch keine Muskeln bei mir.
- Ich habe jetzt den Kunden schon 12-mal besucht und er hat immer noch nichts gekauft. Ich glaube, ich lass das mal.

Der Mozart spielende Nachbar

Einwand

Sie bringen uns hier die Rückfragetechnik bei. Die benutzt mein Bruder aber ständig, das macht mich aggressiv.

Metapher-Erwiderung

Stellen Sie sich vor, Ihr Nachbar hat ein Klavier und spielt ein wunderschönes Musikstück von Mozart. Das Problem ist, er spielt NUR dieses Stück. Er spielt es am Tag, er spielt es am Nachmittag, er spielt es am Abend – Tag für Tag, Woche für Woche, Monat für Monat. Irgendwann können Sie es nicht mehr hören. Nur weil er es im Übermaß betreibt, ist Mozart deswegen kein schlechter Komponist geworden. – Genauso ist es auch mit dieser Methode. *Matthias Pöhm*

Kernaussage der Metapher

Auch wenn eine Methode im Übermaß angewendet wird, ist sie grundsätzlich nicht schlecht.

Oder: Jede gesunde Methode hat ihr Maß – wenn sie übertrieben angewendet wird, nutzt sie sich ab.

Weitere Einwände, auf welche die Metapher passt

- Sie sagen uns, wir sollen den Kunden immer mit Namen anreden. Ich hab das gestern gemacht und da sagte mir der Kunde: „Lassen Sie das. Ich mag es nicht, wenn Sie mich ständig mit Namen anreden."
- Das Kleid gefällt mir nicht, das gibt es jetzt in jedem Kaufhaus.
- Mit einem Glockenspiel können Sie niemanden mehr beeindrucken. Ein Lieferant schickt mir jedes Jahr ein Glockenspiel zu Weihnachten. Glockenspiele hängen mir zum Hals raus.
- Hand-hoch-Abstimmungen habe ich jetzt bei einem Seminar in London miterlebt. Der hat das alle paar Minuten gemacht. Ich kann es nicht mehr ertragen.

Die Waage der ausgeglichenen Unterhaltung

Einwand

Ich weiß gar nicht, warum Sie mich nicht mehr sehen wollen. Wir hatten doch immer interessante Unterhaltungen.

Metapher-Erwiderung

Stellen Sie sich Folgendes vor: Immer wenn zwei Menschen sich unterhalten, steht neben ihnen eine überdimensional große Waage. Über jeder Waagschale wächst jeweils ein Apfelbaum, der eine magische Eigenschaft hat. Denn jedes Mal, wenn einer der beiden ein Wort spricht, fällt ein Apfel vom Baum in die Waagschale auf seiner Seite. Wenn die beiden sich prächtig unterhalten, prasseln die Äpfel wie Hagelkörner in die Waagschalen. Die Waage misst, ob die beiden zufrieden mit ihrer Unterhaltung sind. Wenn die beiden sich gut verstehen, dann ist die Waage im Gleichgewicht. Es ist nicht wichtig, ob sie viel oder wenig reden. Wichtig ist nur, dass beide etwa gleich viel reden. Wenn die Waage aber im Ungleichgewicht steht, dann fühlt sich nur derjenige zufrieden, der viele Äpfel auf seiner Seite hat. Diese Waage stand bei Ihren letzten beiden Besuchen auch bei mir in der Wohnung. Nachdem Sie gegangen waren, habe ich die Äpfel in unseren Waagschalen gezählt. Beim ersten Besuch waren auf Ihrer Seite 2.000 Äpfel und auf meiner Seite 150. Beim zweiten Besuch habe ich bei Ihnen 1.500 Äpfel und bei mir 100 Äpfel gezählt. – Ich bin nur wirklich gerne mit Menschen zusammen, bei denen die Waage ausgeglichen ist. *Matthias Pöhm*

Die abgefahrenen Reifen

Aussage

In meine Praxis kommen die Kinder – nachdem die Zahnspange herausgenommen wurde – trotzdem nach Monaten immer wieder mit einer erneuten Zahnfehlstellung und ich muss wieder eine Zahnspange einsetzen.

Metapher-Erwiderung

Stellen Sie sich vor, Sie fahren mit 50 Stundenkilometern durch eine Ortschaft. Durch irgendeine Unachtsamkeit streifen Sie den Bordstein. Es tut einen kleinen Schlag, aber Sie fangen das Auto wieder ab und fahren ohne Probleme weiter. Nichts ist passiert. Zwei Monate später müssen Sie zur Inspektion. Die Werkstatt macht den Service, und als Sie das Auto zurückbekommen, sagt man Ihnen, dass auch ein Reifenwechsel nötig ist, denn die Reifen seien abgefahren. Vier Monate später gehen Sie aus einem anderen Grund in die Werkstatt. Neben anderen Reparaturen werden wieder neue Reifen aufgezogen. Sie wundern sich, aber man zeigt Ihnen zum Beweis die abgefahrenen Reifen. Vier Monate später kommen Sie wieder aus einem anderen Grund in die Werkstatt und wieder sind neue Reifen fällig. Erst zwei Jahre später erfahren Sie, was passiert ist: Wenn die Hinterradachse am Auto korrekt funktioniert und im rechten Winkel zu den Rädern steht, dann liegen beide Räder flach auf der Straße. Dadurch ist garantiert, dass die Räder sich links und rechts gleichmäßig abfahren. Wenn Sie aber mit Ihrem Auto an einen Bordstein fahren, kann die Achse einen minimalen Knick davontragen. Dadurch stellt sich ein Rad leicht schräg. Und deshalb fährt sich das Rad an derselben Stelle schneller ab, sodass Sie permanent den Reifen wechseln müssen.

Die meisten Kieferorthopäden wechseln ständig die Reifen. Aber sie bekommen die Ursache nicht in den Griff. *Matthias Pöhm*

Kernaussage der Metapher

Wir reparieren nur den Folgeschaden des eigentlichen Schadens. (Häufig geschieht das in der Medizin.) Wir müssen den Hauptschaden reparieren, dann löst sich der Folgeschaden automatisch.

Oder: Man muss die Ursache eines Problems bekämpfen und nicht die Symptome.

Weitere Aussagen, auf welche die Metapher passt

- Der Mann hat Schnupfen. Da verschreiben wir mal ein Medikament.
- Ihre Frau hat Krebs, da machen wir erst einmal eine Chemotherapie.
- Die Anschläge der Palästinenser werden weniger, wenn wir in deren Gebieten oft genug Razzien durchführen und genügend ihrer Führungsleute einsperren.

Die Fahrrad-Stützräder

Einwand

Herr Finanzberater, ich investiere lieber in Festverzinsliche als in Aktienfonds. Da habe ich wenigstens keine Minusjahre.

Metapher-Erwiderung

Lieber Kunde, können Sie sich daran erinnern, als Sie noch ein Kind waren? Damals hatten Sie ein kleines Fahrrad und daran waren Stützräder montiert. Sie konnten einfach nicht umfallen – es war unmöglich. Eines Tages hat Ihr Vater diese Stützräder abmontiert. Wissen Sie noch, wie Sie auf die Nase gefallen sind? Nicht nur ein Mal – viele Male. Aber seither kommen Sie zehn Mal schneller ans Ziel als mit der absoluten Sicherheit dieser Stützräder. Und genauso ist es auch mit den Aktienfonds. Ja, Sie fallen damit mal auf die Nase. Ja, es gibt Minusjahre. Aber Sie erzielen letztendlich bessere Ergebnisse als mit der absoluten Sicherheit der Festverzinslichen.

Kernaussage der Metapher

Eine Methode oder ein System ist zwar risikobehaftet und scheitert hin und wieder, bringt aber unterm Strich bessere Ergebnisse.

Das Roulette

Einwand

Bei diesem speziellen Vorwurf klappt Ihre Technik des Zustimmens aber gar nicht.

Metapher-Erwiderung

Kennen Sie Roulette?
„Ja."

Beim Roulette gibt es genauso viele rote wie schwarze Zahlen. Wenn Sie auf eine rote Zahl setzen und es

fällt Rot, bekommen Sie Ihren doppelten Einsatz ausbezahlt. Stellen Sie sich vor, Sie hätten einen Roulettekessel, in dem sich 80 Prozent rote Zahlen befinden und nur 20 Prozent schwarze. Auf welche Farbe würden Sie setzten. Rot oder Schwarz?
„Rot natürlich!“

Sie spielen fünf Minuten und gewinnen permanent und plötzlich fällt … eine schwarze Zahl. Ist deswegen Ihr System falsch?
„Nein.“

Sehen Sie, genauso ist es auch mit der Schlagfertigkeitstechnik. Es funktioniert nicht immer, aber das System ist trotzdem richtig. *Matthias Pöhm*

Kernaussage der Metapher

Eine Methode (oder ein System) scheitert zwar hin und wieder, aber systematisch angewandt, bringt sie unterm Strich bessere Ergebnisse.

Jedes Mal anwendbar, wenn jemand mit einer gefundenen Ausnahme die Regel infrage stellen will. Dieser Vergleich ist für alle medizinischen, alle alternativen Heilmethoden anwendbar, aber auch für alle esoterischen und alle spirituellen Kurse. Die Kursleiter wollen dort leider ein Schwarz immer in ein Dunkelrot uminterpretieren. Mit diesem Vergleich rückten sie näher an die Wahrheit und würden Ihre Klienten weit mehr überzeugen. Das ganze Leben ist Roulette. Es gibt NICHTS, was immer funktioniert.

Weitere Einwände, auf welche die Metapher passt

- Wenn ich ein schlechtes Produkt habe, kann ich mit Ihrer Vergleichszahlen-Methode auch nichts machen. Da geht der Kunde raus und kauft trotzdem nichts.

- Bei der Familienaufstellung hat der Therapeut in meinem Fall aber voll danebengelegen.
- In Ihrem Rückführungskurs hat einer aber gesagt, dass bei Ihm ihre Trance keine einzige Vorstellung ausgelöst hat.
- Meine Mutter hat Ihre Naturmedizin genommen, aber ihre Schmerzen sind trotzdem nicht weggegangen.
- Herr Pastor, wir haben alle für unseren schwerkranken Bruder gebetet, aber die Gebete sind nicht erhört worden.
- Wenn ich höhere Preise verlange, dann habe ich Angst, dass einige Geschäfte nicht zustande kommen werden.

Der Musiker, der sich verspielt

Aussage

Es gibt Menschen, die sind einfach schlecht.

Metapher-Erwiderung

Es gibt keine schlechten Menschen – es gibt nur ein Verhalten, das Sie stört. Wenn ein Musiker ein Stück spielt, das Sie nicht mögen, und er macht sogar einen Fehler und verspielt sich: Ist er deshalb ein schlechter Mensch?

Genauso ist es auch mit menschlichem Verhalten. Was Sie stört, ist sein VERHALTEN, nicht aber der Mensch. *Matthias Pöhm*

Der 140-Kilo-Mann

Einwand

Auch wenn du mir den Urlaub nach Ägypten zahlst: Ich fahre nicht, weil dort das Wasser so schlecht sein soll.

Metapher-Erwiderung

Ein Mann mit 140 kg Gewicht versucht seit Jahren, seine Pfunde zu verlieren. Aber keine Diät hilft. Eines Tages kommt eine Fee zu ihm und sagt: „Ich weiß eine Methode, mit der du auf Dauer garantiert 40 kg verlieren kannst. Willst du sie hören?" Er sagt: „Nein, denn wenn ich 40 kg abnehme, dann hätte ich einen Nachteil." Die Fee fragt: „Welchen denn?" Er sagt: „Dann müsste ich mir ja komplett neue Kleider kaufen."

So ist es auch mit der Ägyptenreise. Alle Geschenke und großartigen Fortschritte haben immer auch einen kleinen Nachteil. Aber Sie wären schlecht beraten, den kleinen Nachteil – gemessen an dem Riesengeschenk – nicht in Kauf zu nehmen. *Matthias Pöhm*

Kernaussage der Metapher

Ein kleiner Nachteil ist nichts im Vergleich zu einem großen Vorteil.

Weitere Einwände, auf welche die Metapher passt

- Die neue Wohnung nehmen wir nicht, weil der Bäcker so weit entfernt ist.
- Den Mitarbeiter stellen wir lieber nicht ein, denn der hat eine Armbehinderung.
- In einen Fonds investiere ich nicht. Da zahle ich immer so hohe Abschlussgebühren.

- Das ist mein Traumauto, es stimmt alles – leider sind die Reifen nicht von Michelin.

Das Bürohochhaus mit den Toiletten

Einwand

Sie sind hier links abgebogen. Wenn das jeder machen würde ...

Metapher-Erwiderung

Stellen Sie sich vor, ein Architekt plant ein Bürohochhaus, in dem 1.000 Leute arbeiten sollen. Der Architekt plant neben dem Haus einen separaten Trakt, in dem er 1.000 Einzeltoiletten vorsieht. Der Bauherr sagt ihm: „Was soll das, 100 Toiletten reichen vollkommen!“ Der Architekt antwortet: „Wenn aber jeder gleichzeitig aufs Klo will, dann müssen wir das vorsehen.“ Der Bauherr erwidert: „Es GEHT aber nicht jeder.“ Genauso ist es mit dem Linksabbiegen: Es MACHT ABER NICHT JEDER. *Matthias Pöhm*

Weitere Einwände, auf welche die Metapher passt

Jedes Mal, wenn jemand sagt: „Wenn das jeder machen würde ...“

Der Blinddarm an der falschen Stelle

Einwand

Die SPD hat sehr wohl auch in Wirtschaftsfragen eine Kompetenz.

Metapher-Erwiderung

Wenn jemand zehnmal bei der Operation den Blindarm an der falschen Stelle gesucht hat, dann hat er bewiesen, dass er dafür nicht taugt. *Originalantwort Norbert Blüm in den 80-er Jahren*

Das neue Hühnerfutter

Einwand

Wenn ich höhere Preise verlange, dann habe ich Angst, dass einige Geschäfte nicht zustande kommen werden.

Metapher-Erwiderung

Wenn der Kunde vor Ihnen steht und den Preis hören will, so nehmen Sie den Preis, den Sie normalerweise immer verlangen, und addieren exakt 10 Prozent dazu. Stellen Sie sich vor, Sie machen ein wissenschaftliches Experiment an Tieren. Sie sollen untersuchen, wie Hühner auf veränderte Futterzufuhr reagieren. Statt wie immer Körner geben Sie ihnen jetzt nur Haferflocken zu fressen. Sie müssen dann eine Statistik führen, ob die Hühner bei Haferflocken oder bei Körnern mehr Eier legen.

Und genauso machen Sie es auch mit den höheren Preisen. Stellen Sie sich vor, Sie erstellen, jeder für sich, eine wissenschaftliche Testreihe. Was passiert, wenn ich 10 Prozent höhere Preise verlange? In welchem Fall bekomme ich mehr Eier-Ertrag? Aber nur eine lange Testreihe ist wirklich aussagekräftig. Wenn sich zum Schluss das alte Futter als das erfolgreichere erweist, dann wechseln Sie natürlich wieder zum alten

Futter – wenn aber das neue besser ist, dann bleiben Sie beim neuen Futter. *Matthias Pöhm*

Die Modellautos

Einwand

Ich weiß gar nicht, ob dir meine Freundschaft wichtig ist!

Metapher-Erwiderung

Freundschaften sind wie Modellautos. Nur wenige haben in einer Vitrine Platz. ... Für dich habe ich eine ganze Garage reserviert. *Matthias Pöhm*

Die Schuhe im Schuhladen

Einwand

Es gefällt mir gar nicht, wenn jemand mit durchgestreckten Beinen dasteht. Das wirkt auf mich arrogant und selbstherrlich. Ich finde, das sollten Sie den Leuten nicht beibringen.

Metapher-Erwiderung

Sie gehen in einen Schuhladen und lassen sich dort 20 Paar Schuhe zeigen. Sie probieren alle an und zum Schluss finden Sie genau zwei Paar, die perfekt passen und die Ihnen außerordentlich gefallen. Sie beschließen, sie zu kaufen. In der folgenden Woche machen Sie Ihren eigenen Schuhladen auf. Sie stellen nur zwei Paar Schuhe in den Laden – genau die zwei Paar, die

Ihnen persönlich passen und Ihnen gefallen haben, aber diese gleich hundertfach. Glauben Sie, Ihr Schuhladen wird ein Erfolg? Genauso ist es mit dieser Technik. Ich stelle Ihnen 100 Paar Schuhe ins Regal. Ich stelle Ihnen 100 Techniken vor. Jeder sucht sich die aus, die ihm gefällt. Nur weil Ihnen ein Schuh nicht gefällt, heißt das noch lange nicht, dass er für die anderen nicht passend wäre. *Matthias Pöhm*

Kernaussage der Metapher

Nur weil jemandem eine Methode oder ein Objekt nicht gefällt, heißt das noch lange nicht, dass sich nicht ein anderer genau diese Methode oder dieses Objekt aussuchen möchte.

Oder: Der persönliche Geschmack eines Einzelnen sagt nichts aus über den Geschmack der Allgemeinheit.

Für meine Trainerkollegen: Die Metapher kann jedes Mal eingesetzt werden, wenn ein Trainerkollege im Seminar sitzt, der mal wieder etwas „besser weiß".

Das Labyrinth mit 200 Türen

Aussage

Heiraten bringt Glück.

Metapher-Erwiderung

Stellen Sie sich vor, Sie sind auf einem Volksfest, auf dem es nur Labyrinthe gibt. Alle Labyrinthe verheißen das Lebensglück. Die einen haben fünf Türen, die anderen 50 Türen. Jetzt kommen Sie an ein Labyrinth mit 200 Türen. Der Besitzer sagt: „Kommen Sie in mein Labyrinth. Von den 200 Türen führt eine ins Lebensglück – Sie haben aber nur eine Chance." Würden Sie versuchen, dort Ihr Glück zu suchen? *Matthias Pöhm*

Kernaussage der Metapher

Eine Ausnahme beweist noch lange nicht die universelle Gültigkeit der Aussage. Immer dann anwendbar, wenn einer eine seltene Ausnahme als Regel darstellen will.

Weitere Aussagen, auf welche die Metapher passt

- Mit viel Druck und Kontrolle kann man Mitarbeiter zu Höchstleistungen bringen.
- Es gibt auch integre Anlageberater.
- Katholische Priester lieben auch andere Religionen.
- In der Bibel stehen lauter große Wahrheiten.
- Wenn eine Europäerin einen Araber heiratet und mit ihm in sein Heimatland zieht, hält ihr Glück ewig.

Der Porsche

Angriff

Die großen Wirtschaftsbosse genehmigen sich selbst Millionenabfindungen. Das ist eine Schweinerei.

Metapher-Erwiderung

Wenn Sie eine Ente fahren, ist 100 km/h keine Beschränkung. Da kann man sich mit Lust über den Raser im Porsche aufregen, der mit 150 km/h vorbeirast.

Hätten Sie aber selbst einen Porsche, würden Sie sich dann auch beschränken? Sie sind nur aus dem Grunde nicht fehlbar, weil Sie nicht in der Situation sind, in der Sie eine Verfehlung begehen könnten. Deshalb sind Sie noch lange nicht heilig. *Matthias Pöhm*

Der Zigarettenregen

Einwand

Dieser Zeitungsartikel über unsere Firma hat keine messbaren Mehrverkäufe gebracht. Ihre Medienarbeit taugt nichts.

Metapher-Erwiderung

Die meisten Menschen denken, die Medienarbeit funktioniert wie ein Zigarettenautomat. Ich werfe nur dann fünf Euro oben rein, wenn unten auch ein Päckchen Zigaretten herauskommt. Nein, Medienarbeit funktioniert anders: Sie werfen fünf Euro, noch einmal fünf Euro und noch einmal fünf Euro rein, ohne unten etwas zu erwarten. Irgendwann aber ... regnet es Zigaretten. *Matthias Pöhm*

Kernaussage der Metapher

Sie müssen eine Maßnahme immer und immer wieder hartnäckig anwenden, ohne unmittelbar etwas zurückzuerwarten. Aber eines Tages strömt plötzlich ein Erfolgsschwall auf Sie hernieder.

Oder: Nicht jede Einzelmaßnahme hat ihren direkt messbaren Erfolg und trotzdem ist sie sinnvoll.

Oder: Erfolg kommt durch Hartnäckigkeit und Dranbleiben, auch wenn man nicht gleich Ergebnisse sieht.

Weiterer Einwand, auf welchen die Metapher passt

In meiner Homepage verschenke ich kein Wissen und kein Know-how. Ich stelle dort nur Know-how zur Verfügung, für das ich auch Geld verlange.

Das Raumfahrt -Trockentraining

Aussage

Wir treffen uns mit Ihnen als Architekt zunächst zur Projektbesprechung für den Neubau unseres neuen Fabrikgebäudes und geben Ihnen dort direkt schriftlich die notwendigen Details.

Metapher-Erwiderung

Stellen Sie sich vor, zwei Raumfahrt-Mannschaften sollen von unterschiedlichen Ländern aus mit unterschiedlichen Raumkapseln ins Weltall fliegen, um sich dort oben zu einer gemeinsamen Raumfahrtstation zu vereinen. Alle gemischten Raumfahrtprojekte dieser Erde vereinbaren Monate vor Projektbeginn ein gemeinsames Trockentraining auf der Erde. Jede Mannschaft muss die Marotten der anderen kennen, sie müssen ein Gespür füreinander kriegen, sie müssen sich 100-prozentig aufeinander verlassen können, sie müssen kleinlichst definieren, welche technischen Anforderungen jeder hat ... Sonst ist das Überleben des Projektes in Gefahr, es droht der Absturz.

Genauso ist es mit unserem Projekt, das Fabrikgebäude gemeinsam zu bauen. Auch wir müssen vor Projektbeginn ein gemeinsames Raumfahrt-Trockentraining machen. Unsere beiden Mannschaften müssen die jeweiligen Marotten der anderen kennen, wir müssen ein Gespür füreinander kriegen, wir müssen uns 100-prozentig aufeinander verlassen können, wir müssen kleinlichst definieren, welche technischen Anforderungen jeder hat ... Sonst ist das Überleben des Projektes in Gefahr. *Matthias Pöhm*

Kernaussage der Metapher

Für ein gemeinsames Großprojekt muss man sich erst zusammensetzen, sich kennenlernen, warm werden ... Und DANN kann man erst die Details definieren.

Was Profis zu Metaphern sagen

Zum Schluss ein kleiner Verweis darauf, wie andere das Thema Metaphern abhandeln. Hier ist der Titel eines Buches: „Metapher-Bibliothek dialektischer Grundbegriffe". Ein Buch, das ich zwar nicht gelesen habe, dessen Rückentext, der den Autor vorstellt – offensichtlich eine Koryphäe auf seinem Gebiet! –, den Leser recht erwartungsfroh stimmt:

> Jörg Zimmer ist Professor an der Universität Girona in Spanien und lehrt Ästhetik und klassische deutsche Philosophie. Er ist Vorstandsmitglied der „Internationalen Gesellschaft Hegel-Marx für dialektisches Denken".

Der nachfolgend abgedruckte Klappentext ist original und macht großen Appetit auf den offensichtlich unterhaltsamen und leicht zu lesenden Inhalt.

> Der Gegenstand einer dialektischen Theorie der Metapher liegt jenseits der Grenzen der Rhetorik. Sie muss den Substitutionsgedanken überwinden, wonach der übertragene Ausdruck für etwas nur den eigentlichen Ausdruck für dasselbe vertritt. Damit stellt sie den Dualismus von Verstandesbegriff und metaphorischem Anschauungsinhalt infrage. Vor dem Hintergrund dieser kritischen Einstellung wird der Versuch unternommen, die Grundstruktur dialektischen Denkens – die Einheit von Identität und Differenz in Analogiebildungen – in Metaphern aufzuspüren und dem Problem begriffskonstitutiver Leistungen der Metapher nachzugehen.

Mein Kommentar: Das ist das traurige Ergebnis, wenn sich ein Schlaukopf an der Universität mit einer einfachen Methode beschäftigt.